Redação Publicitária
A Prática na Prática

Zeca Martins

Redação Publicitária
A Prática na Prática

2ª Edição

REDAÇÃO PUBLICITÁRIA
A PRÁTICA NA PRÁTICA
2ª EDIÇÃO
© Almedina, 2020
AUTOR: Zeca Martins
EDITOR DE AQUISIÇÃO: Marco Pace
DIAGRAMAÇÃO: Lilian Nocete
DESIGN DE CAPA: Newton Cesar
ISBN: 978-65-87019-04-8

Dados Internacionais de Catalogação na Publicação (CIP)
(Câmara Brasileira do Livro, SP, Brasil)

Martins, Zeca
Redação publicitária : a prática na prática /
Zeca Martins. -- 2. ed. -- São Paulo : Almedina,
2020.

Bibliografia.
ISBN 978-65-87019-04-8

1. Anúncios - Redação 2. Propaganda - Linguagem
3. Publicidade - Linguagem I. Título.

20-35881   CDD-659.132

Índices para catálogo sistemático:

1. Redação publicitária : Publicidade 659.132

Cibele Maria Dias - Bibliotecária - CRB-8/9427

Este livro segue as regras do novo Acordo Ortográfico da Língua Portuguesa (1990).

Todos os direitos reservados. Nenhuma parte deste livro, protegido por copyright, pode ser reproduzida, armazenada ou transmitida de alguma forma ou por algum meio, seja eletrônico ou mecânico, inclusive fotocópia, gravação ou qualquer sistema de armazenagem de informações, sem a permissão expressa e por escrito da editora.

Junho, 2020

EDITORA: Almedina Brasil
Rua José Maria Lisboa, 860, Conj.131 e 132, Jardim Paulista | 01423-001 São Paulo | Brasil
editora@almedina.com.br
www.almedina.com.br

*Este livro nasceu de uma sugestão/desafio
do meu amigão/diretor de arte Newton/Cesar.
Dedico-o, portanto, a ele.*

*Continuo dedicando-o ao Newton Cesar.
Por oportunidade desta nova edição, aproveito para dedicá-lo também ao
Dag de Oliveira, grande amigo, grande diretor de arte e irmão do Newton Cesar.*

*Textos publicitários são caleidoscópios.
Basta um pequeno movimento... e suas continhas coloridas e brilhantes,
as palavras, adquirem formato surpreendente e único.
Você encontrará neste livro apenas alguns desses movimentos e formatos,
dentre infinitos possíveis.*

Sumário

Nota à segunda edição, 9
Introdução, 11

I. O Escrevedor, 15
1   Ambiente de Trabalho, 17
2   Procura-se Redator Publicitário, 20
3   Descrição de Tarefas, 22
4   Comportamento, 31

II. O Aprendiz, 33
5   De Olho na Gramática, 35
6   Conheça Etimologia, 37
7   Enriqueça seu Vocabulário, 40
8   Crie Jogos e Brincadeiras com as Letras, 44
9   Crie Jogos e Brincadeiras com as Palavras, 47
10 Fuja dos Vícios, 54
11 Pense com Duplo Sentido, 58
12 Conheça Tipologia, Exercite Tipologia, Compare Resultados, 61
13 Dicas assombrosas, 63
14 Crie Seus Próprios Exercícios, 67

15 Ponha-se no Lugar do Público-Alvo, 69

III. O Artesão, 73
16 Faça um Mosaico, 75
17 Crie Associações de Palavras com Imagens, 79
18 Escreva Imagens, 83
19 Desenhe Palavras, 89
20 Uma Ideia, Muitas Expressões, 92
21 Seduza, 97
22 Argumente, 101
23 Surpreenda, 106
24 Dialogue, 110
25 Defina uma Imagem com Muitas Palavras, 114
26 Invente-Tente-Quente, 118
27 Anacoluto Bem-Temperado, 121
28 Escreva como Quem Faz Música, 123
29 Faça um Texto Curto, 126
30 Faça um Texto Longo, 130
31 Faça o Público-Alvo Sonhar, Remeta-o a um Cenário Incrível, 135
32 O Segredo é Começar com um Grande Título, 141
33 Dicas para Escrever para Rádio e TV, 147
34 E o Marketing Direto?, 154

IV. O Esforçado, 159
35 75 Exercícios para Você Brincar e se Divertir!, 161
36 Temas para Discussão em Grupo e Fóruns de Internet, 174

Bibliografia, 185

Nota à Segunda Edição

Desde seu lançamento, no final de 2003, este livro já percorreu uma trajetória muito honrosa, com três tiragens e milhares de exemplares comprados por estudantes e profissionais de todo o país.

O fato de ter sido adotado pela maioria dos cursos superiores de Publicidade & Propaganda facilitou-me o contato direto com seus inúmeros leitores, através da constante troca de *e-mails* e de várias Oficinas de Redação Criativa realizadas Brasil afora.

Devagarzinho, evento atrás de evento, sugestão atrás de sugestão, fui percebendo que faltavam uns detalhes aqui e acolá, que faltava passar mais algumas rápidas informações acessórias para ajudar o leitor a praticar um pouco mais esta nobre arte do convencimento mercantil, ou simplesmente redação publicitária (por que diabos não fiz isso logo de cara? Esse negócio já tá parecendo criação de anúncio ...).

Olhando bem para o sumário, decidi criar um capítulo extra, um intruso enfiado entre os Capítulos 12 e 13 da primeira edição; não havia outro lugar para inserir o que achei necessário. Chamei o tal novo capítulo de Dicas Assombrosas, não porque em verdade as sejam, mas, convenhamos, soa bem.

De resto, é tudo como dantes no quartel de Abrantes (frase do tempo da vovó, ou melhor, do tempo em que Napoleão invadiu Portugal).

É isso. E que bons textos acompanhem seu trajeto profissional.

O Autor

Introdução

Quem é ligado à Propaganda – profissional, docente ou estudante – sabe perfeitamente que é pequena, no Brasil, a literatura técnica disponível sobre o assunto. Fácil certificar-se disso: basta dar uma olhada nas prateleiras das boas livrarias para constatar a existência de uma abundância de títulos sobre administração, economia, direito, contabilidade, recursos humanos etc. Há muita literatura, inclusive, sobre marketing.

Considerando que quase todo mundo confunde Propaganda com marketing, e este é confundido com promoção de vendas que, por sua vez, é também chamada de marketing, sem contar que pode virar relações públicas, esta não raro também conhecida por publicidade – coisa, aliás, que muitos teimam em dizer que é algo diferente de Propaganda –, desaguando tudo isso num samba-do-crioulo-doido editorial, não é de espantar que aquela pobre dúzia e meia de títulos sobre Propaganda esteja perdida nas prateleiras do marketing ou, o que é mais curioso, muitas vezes também nas destinadas aos livros de arte. Uma zona.

Se há pouca coisa sobre Propaganda, obviamente há ainda menos sobre criação publicitária, seja a direção de arte, seja a redação. Nesse sentido, fico orgulhoso de saber que eu e o Newton Cesar temos dado nossa parcela de colaboração. Houve um dia, faz alguns anos, quando resolvemos ir além do papel de dupla de criação de anúncios e partimos para a criação de livros sobre Propaganda. No momento em que aqui escrevo, tenho três livros publicados sobre Propaganda (*Propaganda é isso aí!*, *Deus é inocente* e o *Blog de papel, propaganda & marketing*), e o Newton Cesar outros cinco (*Direção de arte em propaganda*, *Tudo o que você não queria saber sobre propaganda*, *Making of* (em parceria com o fotógrafo publicitário e também amigão Marco

Piovan), além dos simpáticos livrinhos de bolso *Midia impressa* e *Midia eletrônica*. Já são oito; com este que você tem em mãos, nove. Outros mais virão, tenho certeza.

Ao pensar no quanto sofri para aprender o pouco que sei, imaginei que poderia contribuir com os pretendentes ao cargo de redator-criativo, dando-lhes um salutar e paternal pontapé no traseiro (Vai, meu filho!) para que avancem um pouco mais rapidamente.

Então, o que você tem em mãos não é exatamente um livro-texto; é, como seu nome diz, fundamentalmente um livro de exercícios práticos. Contém informações básicas necessárias, umas tantas referências e até alguma 'ciência' que o ajudarão a começar a se divertir, mas, ainda assim, continua livro só de exercícios; não é compêndio, não é teoria.

Apesar de elaborado quase que exclusivamente a partir da experiência, também não a transmite de forma alguma, porque isso, você sabe, é impossível. Experiência profissional só podemos adquirir – e, mesmo assim, com muita transpiração.

Este trabalho (chamo-o assim porque realmente deu trabalho) está dividido em quatro partes principais:

I. O ESCREVEDOR, com capítulos sobre as características de que, a meu ver, o profissional redator publicitário não pode prescindir;

II. O APRENDIZ, sobre as exigências técnicas básicas para o exercício da profissão, isto é, o preparo mínimo que se espera para um bom desempenho na atividade publicitária;

III. O ARTESÃO, com dicas práticas para a elaboração do texto publicitário; e

IV. O ESFORÇADO, onde apresento uma série final de exercícios criados a partir de experiências reais, coisas que vi, que vivi e que imaginei ao longo de tantos anos de profissão.

Cada uma destas partes está subdividida em capítulos compostos de ARGUMENTO e EXEMPLO. Nos capítulos da seção O ARTESÃO, há também o item EXERCÍCIOS; assim, em cada capítulo você encontrará um pequeno desafio. Ao todo, são 140 exercícios de todos os tipos e com variados níveis, não exatamente de dificuldade, mas de exigência de trabalho, distribuídos por todo o livro.

Além disso, um produto imaginário – uma simples gota d'água – servirá de mote e desafio para as fases de elaboração de textos publicitários, e como elo entre tópicos e capítulos. Você terá muitas oportunidades para criar anúncios que vendam esta gota d'água das mais variadas formas e para as mais diferentes finalidades. Portanto, vá logo se envolvendo com o assunto!

Logo após tudo isso, e pensando em contribuir um pouco mais com você, elaborei uma lista com trinta e três temas para discussão em grupo ou fóruns de Internet. São assuntos gerais que dizem respeito mais à profissão de publicitário do que ao cargo específico de redator-criativo. Vale a pena você refletir sobre o que está ali.

Observo, ainda, que:

- Redação publicitária não tem muito espaço pra frescura: é preto no branco, por isso, este livro é totalmente preto e branco, inclusive as reproduções de anúncios.
- Embora eu fale de Propaganda, as técnicas de abordagem apresentadas são as mesmas para criação em promoção de vendas. A diferença dos textos de promoção de vendas reside mais nos aspectos legais do que nos de comunicação.
- Em relação ao marketing direto, há um capítulo que trata da elaboração da carta/mala direta, porque, nesse caso, há algo de específico a comentar. As demais peças normalmente criadas para marketing direto – *folders*, embalagens especiais, filmetes etc. – obedecem, como comentado sobre promoção de vendas no tópico anterior, aos mesmos parâmetros da Propaganda.
- Como em meus outros livros, a palavra *Propaganda* é sempre grafada assim, com P maiúsculo.
- Da mesma forma, tenho o hábito de tratar todas as peças publicitárias pelo nome genérico de anúncio. Portanto, não se espante com expressões como anúncio de rádio, anúncio de TV etc.
- A exemplo do que fiz nos meus demais livros, chamo o público-alvo de sr. Target (somos mesmo velhos amigos, posso ter esta intimidade).
- As leitoras deste trabalho, por favor, me perdoem, mas por uma simples questão de facilitação das coisas o tratamento ao leitor está sempre no

masculino, o que não significa, em hipótese alguma, que este livro não é também dirigido às futuras redatoras, ou que eu faça qualquer espécie de discriminação profissional em virtude de sexo. Nada disso: foi mesmo pra facilitar a elaboração do texto, evitando, entre outras coisas, aqueles irritantes '...o(a)'.

- As observações inseridas nas várias vinhetas gráficas distribuídas pelos capítulos, quando não de minha autoria, trarão, como manda a boa educação, o respectivo crédito autoral.

- Procurei ser bastante breve em todos os capítulos. Houve alguns em que não consegui. Espero não haver sido prolixo.

- Nas propostas de exercícios citei, sempre que possível, marcas e produtos reais, inclusive para facilitar suas pesquisas de pré-elaboração de anúncios e campanhas.

- Os capítulos apresentados nas seções O Aprendiz e O Artesão não encerram as possibilidades de abordagens para os textos publicitários. Citei as que me pareceram mais importantes. Certamente, há muitas outras coisas que podem ser ditas a respeito, e que você encontrará, sem dúvida alguma, à medida que seu interesse pela nobre arte do texto publicitário crescer (em caso de interesse crescente, não se preocupe: se você não as encontrar, elas encontrarão você).

- Fiz este trabalho pensando, sobretudo, em oferecer algum apoio extra à cadeira de Redação Publicitária, constante dos currículos dos cursos de publicidade e Propaganda das escolas de Comunicação Social. A ideia foi projetar capítulos e exercícios em diversidade e, também, quantidade que facilitasse a subdivisão de assuntos de acordo com o número aproximado de semanas letivas do ano.

Pra encerrar: este livro não tem a pretensão de ensinar-lhe nada; é apenas para que você aprenda.

Fico aqui, torcendo por você.

Zeca Martins
São Paulo, setembro de 2003.

I. O Escrevedor

Escrevedor (ô). *S.m.* **1.** Aquele que escreve. **2.** *Fam.* V. *escrevinhador*.

Etimologia → Escrevedor vem de escrever, que vem, por sua vez, do latim *scribere*, que significa gravar. O primeiro registro conhecido do termo data do século XIII.

1
Ambiente de Trabalho

Muito bem, então você quer ser um redator publicitário. Seja bem-vindo.

Mas prepare-se, porque esta ainda é uma profissão cercada por muitos mitos, ao passo que a realidade é que o mar não é tão sereno quanto parece, as tempestades são muito diferentes do que você jamais imaginou e as recompensas financeiras não são necessariamente milionárias. Do mesmo modo, acho pouco provável que tenham-lhe contado sobre o verdadeiro lado bom da coisa: você não terá dois dias repetidos, porque cada dia trará um desafio diferente, conviverá vez ou outra com gente estúpida, mas também conviverá o mais das vezes com gente divertida e, provavelmente, deliciosamente neurótica; que haverá épocas em que você vai ganhar um bom dinheiro em comparação com aquele seu primo que trabalha num escritório qualquer e, se você for um daqueles sujeitos com astral razoável, vai dar risadas, muitas risadas (e isto, convenhamos, é o que ajuda a vida a ter mais sentido).

Em suma, se a Propaganda for o negócio do seu coração, pode mergulhar de cabeça, porque vai valer a pena.

É claro que, na função de redator, você vai escrever. Muito. Mesmo. Não se espera outra coisa de você. E vai escrever para uma diversidade nunca antes imaginada de meios, para satisfazer a quantidade igualmente inimaginável de propósitos. Não se espante se, um dia, logo após você entregar o texto para um anúncio de maternidade, pedirem a você um texto de anúncio fúnebre.

Você escreverá com regularidade para anúncios nas mídias impressas e mídias exteriores (revista, jornal, cartazes, *outdoor*s, painéis etc.), *folders* e folhetos em geral, roteiros de comerciais de rádio e TV, roteiros de filmes institucionais e de treinamento, malas diretas e cartas de marketing direto em geral, materiais de ponto-de-venda (testeiras, adesivos de piso, cartazes de ponta de gôndola etc.) materiais promocionais diversos, *banners* e *popups* para Internet, balões, pipas... enfim, onde houver palavra associada a algum tipo de comunicação comercial de natureza publicitária, lá estará seu texto.

Mas Propaganda não é feita só de anúncios, também (e principalmente) é feita de pessoas que fazem anúncios para outras pessoas que leem anúncios. Portanto, no trabalho, alguns protagonistas dividirão sofrimentos e glórias com você. Permita-me apresentá-los: olhe à sua volta e verá o Atendimento, o Cliente e mais uma imensa tchurma de palpiteiros (o Brasil não tem apenas 170 milhões de técnicos de futebol; tem 170 milhões de publicitários, todos sempre muito criativos).

Haverá, claro, o pessoal da Mídia e dos fornecedores em geral, como produtoras de imagem e som, gráficas etc., mas esses caras provavelmente não irão se intrometer com seu trabalho.

O Atendimento é o sujeito ansioso por natureza, normalmente apavorado com prazos, valores e as pressões do cliente. Óbvio que tentará repassar estas pressões também para você. Aguente firme.

O Cliente é o todo-poderoso; falou, tá falado. Todo mundo na agência se derrete em salamaleques para ele, o que, aliás, é uma bobagem, porque subserviência é um tiro fatal na criatividade (da qual você nunca deverá se divorciar).

E os palpiteiros gerais da nação terão algum valor dependendo da capacidade que você tenha de saber filtrar o que dizem. Pode acreditar: muita campanha boa, muito anúncio magnífico teve origem em algum palpite que passava por perto dos ouvidos de um criativo que soube transformá-lo, o palpite, numa bela peça publicitária. Esta, convém lembrar, é uma das malandragens da profissão, tá? Ouvidos atentos sempre rendem bons anúncios. Você acha que o 'não é assim nenhuma Brastemp' nasceu como?

Olhos atentos rendem igualmente bons anúncios, que você fará em parceria com um sujeito fantástico: seu dupla, seu diretor de arte, seu amigo, acima de tudo.

Eu, por exemplo, sou um felizardo por ter trabalhado com grandes amigos como o Newton Cesar (Newtão, pros íntimos), Edgar Matos, Ailton Lopes, Arthur Freitas, Elio Palumbo, Sílvio Leossi, Henri Gedeon, o saudoso Aramis (puta saudade, mesmo!) e muitos outros caras que me ensinaram tanta coisa boa.

Veja, você vai passar entre um terço e metade do seu dia olhando pro focinho dele, então é aconselhável que vocês se deem muito bem para que, com o passar do tempo, criem anúncios na base do 'bastou olhar pra cara dele e já saquei o que ele pensava'. Quando você chegar a este ponto, terá atingido seu nirvana profissional. Podes crer, amizade: é do grande c...

Ah, tem um lance que vai incomodar os caretões de plantão: sem falar muita bobagem não se chega a grandes soluções. Por isso, naturalmente, sem que se deem conta, você e seu diretor de arte desenvolverão a nobre arte da, digamos, *coprofonia* (*copro* = fezes em grego; *fonia* = som em grego, derivado de *phoné*; ou seja, falar merda. Legal inventar palavras, né?). Divertidíssimo, portanto, o dia-a-dia da Criação.

Só faltou comentar sobre a carga de trabalho, uma coisa bem bacana que merece de fato ser chamada de carga, porque disse o Senhor: 'vais trabalhar muito, meu jovem! Vais engolir sapos aos borbotões! Vais carregar toneladas de pedras pontiagudas enquanto descansas! Verás sugarem tuas entranhas, dilacerarem teu fígado por mil anos, qual o abutre no titã Prometeu, e mesmo assim nada poderás fazer, exceto ainda mais anúncios, ó, incansável arauto do capitalismo! Só terás horário para entrar; hora de saída é luxo'. *Amém.*

Tchau. O resto você vê trabalhando.

2
Procura-se Redator Publicitário

> **REDATOR PUBLICITÁRIO**
>
> Procura-se homem ou mulher (de preferência homem, porque ainda há muito machismo por aí) que seja educado, instruído, elegante, insaciável, versátil, criativo, atento, carinhoso, atlético, experiente, gentil, paciente, bem paciente, realmente paciente, absurdamente paciente, genial, brilhante, bem relacionado e bem aparentado (na aparência e nos parentes), que escreva muito bem, erudito no conteúdo, popular na expressão, que conheça culinária, música barroca, cinema, filosofia, elementos de ciências, moda, samba, *jazz* e *rock'n'roll*, artes eróticas, arte sacra, política, psicologia, psicologia social, esportes e mais um milhão de coisas interessantes e diferentes, além de rádio, televisão, jornal, revista, *outdoor* e elementos de produção gráfica e eletrônica.
>
> Procura-se alguém que sonhe em ganhar muito mas que se contente em ganhar pouco, que sonhe em trabalhar pouco mas que se submeta a trabalhar muito, e que, sobretudo, aceite várias vezes ao dia o implacável desafio do papel em branco.
>
> É para relacionamento maduro, porém exigente, excessivamente intenso, desigual nas obrigações recíprocas e mais ou menos fiel e duradouro.
>
> Mandar portfólio ou *curriculum* para caixa postal 12.

Notou que o leiaute deste anúncio é bem cafoninha, como o que se vê normalmente por aí?

E aí, bonitão? Gostou do anúncio classificado? Quer o emprego? Mandou o *curriculum*? Foi selecionado pra entrevista?

Que bom! Então, antes de abrir seu portfólio, vamos fazer uns testezinhos 'psicológicos', aqueles de praxe.

Procura-se Redator Publicitário **21**

São dez testes fáceis de conhecimentos gerais. Caso você não acerte pelo menos uns sete, volte mais tarde: o cargo de redator publicitário que você quer já pertence a outro candidato.

1. A capital da Romênia é
   [ ] Stalingrado
   [ ] Viena
   [ ] Budapeste
   [ ] Varsóvia
   [ ] Bucareste
2. Originalmente, Hubble é o nome de um
   [ ] Promontório
   [ ] Telescópio
   [ ] Astrônomo
   [ ] Cometa
   [ ] Legume
3. Latitude relaciona-se a
   [ ] Medida da lateral de um cubo
   [ ] Distância em graus do Equador aos polos
   [ ] Distância em graus entre meridianos
   [ ] Uma atitude geográfica, a L-Atitude
   [ ] Distância da Terra à Lua
4. O autor do método cartesiano foi
   [ ] Antonius Cartesius
   [ ] Albert Einstein
   [ ] René Descartes
   [ ] Galileu Galilei
   [ ] Henri Poincaré
5. Em inglês, o plural de *mouse* é
   [ ] Mouses
   [ ] Mousing
   [ ] Mice
   [ ] Mickey
   [ ] Missing

6. Retículo endoplasmático tem a ver com
   [ ] Célula
   [ ] Fotolito
   [ ] Retas
   [ ] Plástico
   [ ] Régua
7. O autor de Hamlet é
   [ ] Henry Shakespeare
   [ ] Lear Shakespeare
   [ ] William Shakespeare
   [ ] Romeu Shakespeare
   [ ] Otelo Shakespeare
8. Ingmar Bergman foi
   [ ] Iconoclasta
   [ ] Cineasta
   [ ] Pederasta
   [ ] Madrasta
   [ ] Pessoa casta
9. Fagote é um
   [ ] Órgão masculino
   [ ] Tipo de ave
   [ ] Instrumento musical
   [ ] Transporte chinês
   [ ] Tempero hindu
10. Ictiologia é o estudo de
    [ ] Nuvens
    [ ] Terremotos
    [ ] Peixes
    [ ] Árvores raras
    [ ] Insetos

Respostas aos testes: 1. A capital da Romênia é Bucareste; 2. Originalmente, Hubble é o nome de um astrônomo (Edwin Powell Hubble); 3. Latitude é a distância em graus do Equador aos polos; 4. O autor do método cartesiano foi René Descartes; 5. Em inglês, o plural de *mouse* é *mice*; 6. Retículo endoplasmático tem a ver com célula; 7. O autor de Hamlet é William Shakespeare; 8. Ingmar Bergman foi cineasta; 9. Fagote é um instrumento musical; 10. Ictiologia é o estudo de peixes.

Pense em como você descreveria uma gota de água oxigenada (dica: H_2O_2)

3
Descrição de Tarefas

Até chegar à sua mesa de trabalho, com aquele micrinho estalando de bonito em cima dela, há um caminho óbvio a percorrer. Evidentemente, você vai entrar pela porta da frente (calma, bitchô! Você não é figurão da agência: ainda tem que deixar seu carro na rua) e encarar obrigatoriamente a mocinha simpática da recepção, aquela que conhece muito mais e melhor os fornecedores que visitam a agência do que conhece você. Claro, porque os fornecedores vão várias vezes à agência e ficam sempre um tempão à espera de serem atendidos, o que, às vezes, nem acontece.

Você, não: você chega, diz bom-dia e se enfia na sua sala. Como você não tem hora pra sair, mas a tal mocinha tem, você só a verá novamente amanhã cedo. Sem problemas, ela não tem mesmo muito a ver com o fluxo de trabalho que o aguarda.

O cliente quer anunciar e chama sua agência de Propaganda que além de uns escritórios bem-decorados de acordo com as últimas tendências Nova York-Milão de design de interiores também tem profissionais de Atendimento, Criação e Mídia que, obedientes ao texto da Lei 4680/65 que rege a atividade da Propaganda, sabem atender, criar, executar e distribuir as peças publicitárias pelos vários meios de comunicação de interesse do anunciante para que ele atinja seu público-alvo com total eficiência de comunicação, gerando um aumento de vendas que deixará o cliente não apenas mais feliz, como também com muito mais grana no bolso pra gastar com ainda mais Propaganda, que nascerá primeiramente de um negócio chamado briefing, que o profissional de atendimento faz e passa para o cara da Criação, que o lê, depois cria campanhas maravi-

lhosas, inesquecíveis e geniais e, depois mais uma vez, pega estas campanhas maravilhosas, inesquecíveis e geniais e as mostra para os caras de um departamento chamado Mídia para que, daí, esses caras da Mídia façam um montão de cálculos e distribuam a grana do cliente, parte dela materializada na forma de anúncios, comerciais & reclames em geral, por um monte de espaços, que podem ser definidos por tempo ou por tamanho, dependendo do caso, disponíveis em jornais, rádios, televisões, revistas, outdoors, cinemas e outros quetais, para que mais e mais gente veja as tais campanhas maravilhosas, inesquecíveis e geniais pelo menor custo possível, o que ajuda a melhorar o retorno da comunicação do cliente, este cara que sempre acha que só existe mesmo é o pessoal criativo, você, redator, e seu diretor de arte – o supra-sumo dos publicitários – uma gente que além de passar suas campanhas maravilhosas, inesquecíveis e geniais para os caras da Mídia, também terá que lidar com alguns fornecedores como fotógrafos, produtores de filmes e vídeos, produtores de som, gráficas, fotolitos, ilustradores, e sabe Deus que outros profissionais, porque, se não, ninguém terá o que enviar para os jornais, rádios, televisões, revistas, outdoors e aqueles outros quetais mencionados acima, se bem que tudo isso seria um pouco diferente se as agências de Propaganda deixassem de ser mesmo tão sovinas, pão-duras, e mantivessem em seus quadros uns caras chamados 'tráfegos', que hoje foram reduzidos a uma função estranha conhecida pelo nome esquisito de art buyer, mas que antes eram especialistas em botar ao menos um pouco de ordem nessa magnânima bagunça que é o fluxo de trabalho de uma agência de Propaganda, empreendimento comercial que quem não é do ramo acha que se trata de uma espécie de país das maravilhas cheio de gente moderna, elegante, 'prafrentex', 'tchap-tchura' (???) e que só frequenta festas, festas e mais festas, normalmente as festas do pessoal do segmento publicitário, que é aquela gente toda que sabe, ou melhor, tem certeza de que, no final das contas, comunicação de verdade em língua portuguesa só se faz com frases curtas, períodos curtos, palavras curtas, e tudo muito pontuado, senão ninguém entende o que você quis dizer com todos aqueles reclames sensacionais, e o esforço da agência e o dinheiro do anunciante são solenemente jogados no lixo.

 Antes do dia clarear, a luz do Sol já percorreu aí uns cento e cinquenta milhões de quilômetros, em aproximadamente oito minutos, trazendo-nos, além da claridade, algum resquício do calor original de milhares de graus Celsius da superfície solar. Algo entre vinte e trinta graus chegando aqui já está de bom tamanho.

Mas luz e calor chegam até nós e é só isso que nos interessa, mesmo porque não podemos fazer nada pra mudar essas coisas. Do mesmo modo, um *job* chega à sua mesa após ter percorrido milhões de etapas anteriores, embora para sua elaboração seguramente não lhe tenha sido despendido muito mais do que uns oito minutos de atenção, porque...

> ... *olha, carinha, é que a gente tem outros clientes tão importantes quanto, mais um monte escandaloso de reuniões agendadas, e, além disso, hoje à noite tem uma festa importantíssima também, e tem que sair mais cedo por causa do trânsito, senão não dá tempo pra tomar banho e trocar de roupa – pra festááá!!! Esqueceu?!? É Cannes, amor! Cannes! Entrega dos Leões nacionais! – e, bem, esse foi o melhor briefing que deu pra fazer. Mas a gente sabe que vocês da Criação são bons pra cacete na matéria, e nem gostam muito de perder tempo com leitura de briefings muito extensos e complicados, né? Putz! Tenho que correr pro cabeleireiro! Olha, tá tudo escrito aí! Tchau! Vejo você na festa? E... ah, é tudo pra amanhã cedo! Às nove, tá? Beijo, bye!*

Exatamente por ninguém haver-se dignado debruçar sobre o papel por mais do que os tais oito minutos, executando um excelente *briefing*, é que você, caro escrevedor de reclames, vai ter de se virar.

O *job*, que em inglês significa trabalho, tarefa, tem vários outros nomes possíveis, como PIT – Pedido Interno de Trabalho –, Pedido de Criação e o escambau, dependendo do gosto pessoal do dono da agência. Ele, o *job*, nasceu lá atrás, lá atrás mesmo (entenda isso como quiser), quando o cliente se mancou de que estava na hora de anunciar e chamou o Atendimento. Na reunião, invariavelmente, o cliente apresentou mil e dois problemas cujas soluções ele tem certeza que você e seu diretor de arte, tão criativos que são, encontrarão fácil, fácil, e materializarão essa solução tão facilmente encontrada em um anúncio com não mais do que meia dúzia de palavras. Aliás, o Atendimento concorda sem pestanejar, e deixa o pepino com sal grosso pra vocês. Aliás de novo, ambos – Atendimento e cliente – já haviam gasto um baita tempo em conjecturas sobre o mercado e os produtos da empresa e da concorrência, e tiveram uma enxurrada de ideias sensacionais (se for reunião com *whisky*, as ideias serão mais sensacionais ainda), e que vocês, certamente, os ajudarão a materializar porque, pensando bem, pra que deixar esses malucos da Criação resolverem problemas? Aliás pela terceira vez, atente para este detalhe: você e seu dupla não criam nada, apenas materializam as ideias monumentais geradas nas importantíssimas reuniões de *briefing* ocorridas entre cliente e Atendimento. Sacou? Ideias que os outros tiveram, mas...

> ... ô, pessoal! Esse aqui é o Dr. Xavier, vice-presidente de marketing do cliente. Veio fazer uma visitinha, conhecer a agência e conhecer a gente. Olha, doutor, esta é sua dupla de criação: Fulano, redator; Beltrano, diretor de arte. Eles que fizeram aqueles leiautes bacanas que o senhor aprovou ontem, lembra? Aqueles que foram feitos em cima da ideia que a gente teve na semana passada, na reunião. Fala a verdade, doutor: esses dois são muito bons mesmo, né? Colocaram direitinho no papel tudo o que a gente imaginou... na verdade, principalmente o que o senhor imaginou. Essa gente de criação sabe captar as ideias dos outros como ninguém, né? (Você pensa: te pego na esquina e te cubro de porrada, palhaço!) São uns gênios. Ora, doutor, que é isso? Não precisa dar tantos parabéns pra eles, não. Esse é o trabalho deles, ganham pra isso. Aliás, ganham muito bem. (Você pensa: agora é que te meto a mão na cara, cretino!) Bom, tchau, pessoal! Doutor, agora vou levá-lo ao departamento de Mídia, onde senhor vai ver...

... que o lance entre Criação e Mídia é a cumplicidade. Porque a Criação cuida de conteúdo e forma, enquanto a Mídia também cuida da forma (onde esse conteúdo deve se encaixar perfeitamente), mas principalmente da intensidade e frequência com que isso deve acontecer, para se chegar aos melhores resultados. Isto, porém, não é uma regra fixa tão fixa assim, e a Mídia pode, a partir das oportunidades de espaço e negociações que surgem pelo caminho e nos veículos mais variados do mundo, fornecer subsídios riquíssimos para servir de ponto de partida para um anúncio ou campanha inteira. Isso acontece bastante.

É um novo formato de *outdoor* que o pessoal da Criação conhece pelas mãos da Mídia e tasca uma tremenda ideia nele; é uma nova possibilidade gráfica que o jornal está oferecendo; ou é a possibilidade de se fazer um filme que saia do modelo engessado dos 30 segundos, pra que se possa veicular uma ideia qualquer em formato 'picado' sequencial de 5 segundos cada, formando-se uma historieta sobre o produto, e mais uma infinidade de coisas assim. Sem cumplicidade Criação/Mídia, seu trabalho de redator fica um pouquinho mais complicado do que normalmente é.

Mas não se iluda: o que pega mais não são os pepinos técnicos, mas sim a necessidade constante que você terá de pesquisar, meu caro escriba, sobre tudo e sobre todos. Sabe por quê? Porque ao lado do vernáculo, a informação ampla e variada é sua matéria-prima, como provaremos mais adiante. Sem isso você simplesmente não trabalha, falou? Informação ampla e variada é resultado deste hábito pouco frequente por aí e que atende pelo nome de pesquisa. Hábito que convém você começar a alimentar loucamente. Seja sincero: qual foi a última vez que você entrou em uma biblioteca pública, mesmo que pelo simples barato de entrar? Ou você é daqueles que acham que a Internet resolve tudo? Qual foi a última vez que você procurou um jornal alternativo na banca da esquina? Ou você é daqueles que acreditam que basta ligar a TV previamente sintonizada na Globo para que o Jornal Nacional supra todas as suas necessidades? Qual foi a última vez que você sintonizou uma rádio de programação ridícula no potente am/fm/cd/mp3 do seu carro? Ou você é daqueles que imaginam que a referência musical tecno-balada-hip-hop-dançante nova-iorquina é bastante? Enfim, a quantas anda sua curiosidade pelo diferente, pelo inédito, pelo impensado, pelo inimaginável? Vamos, olhe o mundo à sua volta, olhe o comércio da sua cidade, olhe a feira livre e a caixinha de remédios que você tem em casa. Olhe o painel do grande banco internacional de investimento que está lá em cima daquele edifício, olhe a marca do pneu da motocicleta que quase o atropelou enquanto você se distraía com o nome do tal banco, olhe também para o logotipo da empresa aérea estampado na cauda do avião que acabou de passar por sobre o edifício. Sabe o que tudo isso diz pra você? Simples: 'vá pesquisando, amigão, porque um dia a gente te pega na curva e você terá de fazer um anúncio bem bacana para algum de nós!'

Caso o nobre leitor seja um sortudo (?) de vir a trabalhar em agência de Propaganda das bem grandonas, terá ao seu alcance a comodidade de um departamento de pesquisa pronto a lhe fornecer a informação necessária ou, ao menos, indicar as melhores fontes. Caso contrário, trabalhando em agência bem pequenininha, vire-se: você é o próprio departamento de pesquisa.

Tá legal, você quer um exemplo prático. Acaba de chegar à sua mesa um pedido de criação para um remédio OTC (contate uma indústria farmacêutica qualquer e descubra a diferença entre medicamento ético e OTC) indicado para controle da flatulência, circunstância fisiológica que este nosso populacho tupinambá conhece vulgarmente por gases, ventos, puns, peidos etc. Honestamente, você pode afirmar que neste exato instante está bem preparado para escrever um anúncio eficiente que diga que o produto é bom, está disponível numa farmácia perto de você, o preço é adequado, e sabe-se lá mais o que, porém suficientemente elegante para deixar claro quais são seus benefícios ao consumidor? Vamos lá, tente dizer a alguém pra parar de soltar puns!

É interessante como o novato interessado por Propaganda é induzido a pensar que só vai fazer anúncios inesquecíveis para bens de consumo, preferencialmente os mais charmosos, e esta maneira de pensar, este desestímulo ao conhecimento de outras realidades além de anúncios de sabonetes, margarinas e automóveis, pode interferir na liberação da sua cabeça, meu amigo, para que você enxergue a possibilidade de haver outros mundos, outros mercados e outras categorias de produtos além daqueles encontrados nas prateleiras do Carrefour, nas concessionárias Chevrolet, nos comerciais da Globo e do SBT ou nos anúncios da revista *Veja*. Portanto, abra sua cabeça para outros ramos de negócios (há uma infinidade deles bem à sua volta). Assim, quando aparecer à sua frente um pedido de anúncio para um produto incomum, estranho a seu mundo cotidiano, você estará melhor preparado para o desafio. Pesquise.

E conheça seu cliente, conheça o produto do seu cliente, conheça o mercado do seu cliente, conheça o cliente do seu cliente, conheça, se necessário, até a vovozinha do seu cliente! Mesmo porque, como aconteceu comigo quando eu estive no lugar de anunciante (caso real transcrito a seguir), o cliente de sua agência talvez esteja, das mais diferentes formas...

> ...pedindo a você, meu caro Atendimento, que dê um jeito de desenfurnar aqueles caras da Criação da sala deles pra eles conhecerem a empresa, caramba! Vê se dá um jeito daqueles caras desgrudarem a bunda da cadeira, pra ver que

aqui a gente faz tratores agrícolas, uns trambolhos imensos que também têm motor, que também têm banquinho pro motorista... não, não são todos que têm ar-condicionado, cacete!, só os cabinados... e o ar é opcional... mas todos têm quatro pneus e capotinha... isso, só que não são automóveis! Vê se me ajuda a fazer aqueles caras da Criação entenderem essas pequenas diferenças! E vê se os ajuda a parar de perder tempo com leiautes automobilísticos pra começarem a fazer leiautes agrícolas! Agrícolas! Agricultura e pecuária são o nosso negócio! Mato, capim, plantação e bosta de vaca! Mostrar avenida na foto do anúncio é o fim da picada! Tem é de mostrar técnica de cultivo correta com o tratorzão em cima, só isso! Ah, e vocês sabem por que trator não é carro? Porque trator é bem de produção! Está para uma fazenda como um torno está para uma indústria mecânica! Sacou? Olha, você sabe que a nossa empresa tem uma fazenda experimental perto daqui: já falei com o gerente de lá e ele já está com o circo armado... pô, não me vem com piadinha!... o circo profissional tá armado esperando você e a dupla de Criação pra passarem um dia inteiro aprendendo sobre motores diesel, sistemas hidráulicos, dirigindo um trator sozinho ou com implementos como arado, grade aradora, semeadeira, sim... é pra ver tudo isso e também pra bater uns papinhos com alguns clientes da região, os tais caipiras que vocês ainda acham que são caipiras e que só usam chapéu de palha e camisa xadrez, porra! É, tô irritado, sim! Tá duro de aguentar, já não sei mais o que dizer aqui pra minha diretoria! (...) Viu só que delícia? Foi bom pra você também? Quer um cigarro? Valeu ou não valeu a pena vocês darem um jeitinho de escapar da agência e conhecer os produtos e os consumidores deles mais de perto? Nem precisa responder: só pela qualidade desses anúncios que você trouxe hoje já saquei tudo. Beleza, garoto! Vamos continuar assim. Fala pros caras da Criação que eu mandei os parabéns!

É a glória acertar na comunicação do seu cliente e deixá-lo plenamente satisfeito. Este acertar começa na aprovação das peças que você e seu diretor de arte criaram, aprovação que se dá num momento de raro brilho, o da apresentação. Não pense, meu caro colega novato, que basta você entregar um montão de leiautes pro Atendimento levar por cliente. Nada disso. Apresentação das boas requer solenidade, estilo, graça, pompa e circunstância, e uns tantos prolegômenos, principalmente se o que está por ser apresentado for uma campanha inteira e, mais emocionante ainda, se se tratar de uma apresentação para concorrência. Rufem os tambores, que a adrenalina vem aí!

Adivinha quem vai fazer a apresentação? Hã? Hã? Você, *amore mio*. Não me pergunte por que, mas há uma certa tendência a empurrarem a apresentação das campanhas aos redatores em primeiro lugar, aos diretores de arte em segundo lugar e, por último, ao Atendimento. Por que essa ordem? Sei lá, deve ser alguma coisa que os deuses decidiram lá no Olimpo e não contam pra ninguém.

Seja como for, sua apresentação deve ser marcada pela clareza na exposição do raciocínio fundamental que os levou a criarem o que se está apresentando, além de uma boa exposição física das peças (leiautes que devem estar impecáveis, limpíssimos, brilhando!). Uma dica importante é deixar as peças o tempo todo à vista do seu cliente. Tem mais uma coisinha, um segredinho que não é pra você contar pra ninguém, tá bom? Seguinte: pegue o tema fundamental da campanha que você criou, e faça uma peça (cartaz ou *banner* do maior tamanho possível) só com este tema. Uma peça bonita, muito bem acabada, de encher os olhos. Deixe-a o tempo todo atrás de você e, portanto, diante do cliente. Enquanto você expõe seu raciocínio fundamental e as peças subsequentes de sua campanha, seu cliente irá inevitável e subconscientemente absorvendo o tal conceito, e sua aprovação fica bem mais fácil. Acredite, funciona!

Bem, já que tudo correu às mil maravilhas, você e seu dupla terão de produzir todos aqueles anúncios. Para tanto, vocês contarão com o pessoal do seu estúdio (caso exista um em sua agência) e mais uma série de fornecedores.

No seu caso específico de redator, o mais provável é que você acabe acumulando o cargo de produtor eletrônico, também conhecido como produtor de rádio e TV, ou apenas RTV, pros íntimos (a menos, mais uma vez, que você esteja em uma agência com volume de produção eletrônica grande o suficiente para dispor de alguém exclusivo para este cargo). Aí, o bicho pega um pouquinho (até porque o linguajar técnico e o jargão profissional se expandem); então, convém

Etimologia → Redator vem do português antigo redactor, *derivado do latim* redactio: *ato ou efeito de redigir; publicitário vem do francês* publicitaire, *derivado do latim* publicus: *relativo, pertencente ou destinado ao povo.*

que você se acostume a conviver com gente das produtoras de imagem e som, como diretores de cinema, produtores em geral, maestros, técnicos de som etc.

Produzidos os anúncios e comerciais, com aprovação final do cliente e distribuídos para os respectivos veículos de comunicação, você dá um tempo, respira fundo, admira orgulhoso o seu trabalho e...

... ô, mané! Pára de ficar olhando pra essa merda aí, e vem trabalhar. Tem uma porrada de jobs na sua mesa. Vai logo, cara!

De volta à vida real!

Por falar em fluxograma, descreva, o mais detalhadamente que você for capaz, o caminho que uma gota d'água percorre da nuvem até uma torneira de sua casa.

4
Comportamento

Parece *slogan* da C&A, mas o redator tem mesmo de ser alguém com prazer em conhecer.

O quê? Tudo!

Atualização é a palavra-chave!

Mantenha-se sempre preparado, pela leitura de tudo que esteja ao seu alcance em prosa e verso (se não estiver ao seu alcance, vá buscar); pela audição de todos, ou quase todos os gêneros musicais; pela frequência em assistir a bons filmes do passado e do presente; pela assiduidade ao teatro, aos campos esportivos, do futebol ao golf etc. etc.

Procure desenvolver sua capacidade de abstração, de observação das pessoas, dos hábitos e costumes das sociedades, da natureza, das ruas...

O resto, aquele papo de que TEM QUE frequentar esse ou aquele lugar determinado pela moda, TEM QUE vestir aquele determinado tipo de roupa, TEM QUE isso, TEM QUE aquilo, que se dane! Isso tudo não passa de frescura.

Em suma, o único comportamento recomendável ao redator publicitário é o da obsessão pela informação.

Simples assim? Simples assim!

Acaba de passar pela minha rua um caminhão de frutas anunciando suas 'glamorosas melancias'! Sensacional! Você alguma vez havia pensado em adjetivar assim uma melancia? Já o sujeito do carrinho de sanduíches oferece, num cartaz, seu hot-dog Bin Laden. O que será isso? Um hot-dog com temperos árabes ou terá um molho apimentado explosivo? Há muito o que se observar por aí.

Não confundir respeito ao cliente e ao consumidor de seus produtos com as bobagens 'politicamente corretas' que diariamente pipocam por aí. Muitas são frescuras mesmo.

O comportamento de uma gota d'água tem a ver com um negócio chamado tensão de superfície. Pesquise o assunto e escreva um comentário a respeito.

II. O Aprendiz

Aprendiz. *S. m.* **1.** Aquele que aprende ofício ou arte. **2.** Aquele que é pouco experiente; principiante [Fem., p. us. nestas acepç.: *aprendiza*.]. **3.** *Turfe*. Moço que inicia a carreira de jóquei e que, antes de chegar ao estágio final, passa pelos estágios de aprendiz de terceira, de segunda e de primeira, em função do número de vitórias que alcança.

Etimologia → Aprendiz vem de *aprender*, que vem, por sua vez, do latim *apprehendere*, que significa apanhar. No entanto, a palavra *aprendiz* chegou ao idioma português através da palavra francesa *apprentiz*, cujo primeiro registro conhecido data de 1871.

5
De Olho na Gramática

ARGUMENTO

Gramática é um pé no saco, né?

Lembra aquelas lições de casa em que você tinha de lidar com voz ativa e voz passiva, orações subordinadas, predicativo do objeto, regência verbal e mais uma infinidade de coisas igualmente terríveis e assustadoras?

Pior era ver a garotada brincando lá fora, jogando futebol... e você em casa, sentadão, conjugando verbos no indicativo, no subjuntivo, na maior decoreba do mundo, sem entender patavina, até levantar-se indignado de sua cadeira para tropeçar inevitavelmente num incômodo verbo defectivo deixado fora de lugar e, mesmo com o dedão do pé dolorido, chutar irritado, porta afora, um sonoro presente do indicativo, primeira pessoa do singular: 'eu adequo!' Ó, horrores gramaticais!

Sinceramente, eu também sempre considerei a gramática um porre, não aqueles deliciosos porres de caipirinha e cerveja, que soltam a língua da gente pra gente ter coragem de sair cantando a mulherada. Não, nada disso, *my brother*: é porre, porre mesmo! A ressaca, o bode, aquela sensação de angu de caroço fustigando a alma (que poético) num inenarrável apocalipse interior!

O português é a última flor do Lácio. No Brasil falamos o espinho.

Sempre me esforcei por esquecer de tudo isso. Bem, e lá fui eu, livre, leve e solto pela vida, nem lembrando de gramática porra nenhuma, até que chegou o dia do inevitável, em que me vi na obrigação de enfrentar a fera, de puxar o bicho-gramático-papão pelo rabo (ué, eu não queria ser redator publicitário?). Chegara finalmente a hora do confronto final!

Meter-se a conhecer um pouquinho que seja de gramática sem estudar nos livros do professor Napoleão Mendes de Almeida é o mesmo que ir a Roma e não ver o Papa. A propósito, ele (o professor Napoleão, não o Papa) escreveu a Gramática Metódica da Língua Portuguesa e o imperdível Dicionário de Questões Vernáculas.

Igualmente importante é você ter sempre em mãos algum Manual de Redação e Estilo, como o do Eduardo Martins, do jornal O Estado de S. Paulo.

Tchaikoviski: 'é bom que se conheça de que as regras são feitas para que se possa quebrá-las'.

Sabe o que eu descobri? Que o leão não só é manso, mas também é muito simpático. Que só o temi a vida toda por uma destas inacreditáveis falhas de que nosso sistema de ensino está atulhado: a exigência do decorar pelo decorar, sem, como acontece muitas vezes, o cuidado de demonstrar a aplicação prática daquelas regras todas e o quanto conhecê-las bem poderá trazer de bons resultados para o estudante (ver *Deus é Inocente*, capítulo Como Vejo O Ensino de Comunicação).

Descobri que gramática é como engenharia, por sua lógica própria; e que também é como arte, por sua expressão de beleza.

Se o bom engenheiro tem no cálculo estrutural, por exemplo, uma de suas certezas de que o prédio vai parar em pé, de que o viaduto não vai cair, o redator competente tem na gramática a tranquilidade de saber-se proprietário de um conjunto de informações que lhe garantirão boa parte de seu sucesso profissional. Creia-me, leitor, embora não se espere erudição profunda do redator publicitário, não se suporta que este peque repetidamente por desconhecimento de regras gramaticais básicas, pois isso também coloca em risco o investimento do anunciante e a reputação da agência de Propaganda (acabo de ver anúncio de grande fábrica de automóveis, em que o redator, no título, fez uma mistura inacreditável de tempos verbais, misturando conjugações do indicativo e do subjuntivo – para piorar, de um verbo irregular –, o que resultou num pequeno e imperdoável horror).

O redator publicitário não tem obrigação de ser um catedrático na matéria. Longe disso. O benefício de estudar alguma gramática está, principalmente, em desenvolver o desconfiômetro, para precaver-se daqueles inúmeros casos em que as pegadinhas idiomáticas possam derrubar seu texto.

Believe me, baby, estudar uma gramaticazinha de vez em quando é importante pacas.

Qual é a figura de linguagem presente em 'd'água', da sua gota d'água?

6
Conheça Etimologia

ARGUMENTO

Estou entre os que acreditam que o estudo da origem das coisas nos ajuda a entender o presente.

Historiadores pensam assim e, ao estudar os movimentos políticos, sociais, militares, religiosos, culturais e migratórios dos nossos antepassados de todas as épocas e de todos os lugares nos ajudam a desenvolver um melhor grau de compreensão do mundo atual.

Físicos teóricos pensam assim, ao procurar conhecer e pesquisar as origens do universo – seja, no microcosmo, pela física de partículas, seja, no outro extremo, pela astrofísica –, para, com isso, tentar oferecer benefícios variados para a humanidade.

Biólogos pensam assim. Desde Darwin e Mendel. Os estudos biológicos acerca da origem e da evolução das espécies deságuam, no final das contas, em benefícios objetivos para os humanos, da obtenção de medicamentos à preservação ambiental.

E por que diabo os publicitários não deveriam também pensar assim? Será que não há utilidade prática no processo de conhecermos a origem primeira de nossa mais importante matéria-prima, que é a palavra em língua portuguesa?

– Você acredita que o cara disse que ia datilografar no computador? Que idiota! Será que ele não sabe que no computador a gente digita, não datilografa?
– É, mas será que você não sabe que digitar e datilografar são exatamente a mesma coisa, porque digitar vem do latim digitus, que é dedo, e datilografar vem do grego dactilo, que também é dedo? Ex-digito gigas!
– Como?
– Pelo dedo se conhece o gigante!
– Não saquei.
– Esquece...

Por isso, retomo aqui este assunto de etimologia. Em meu livro *Deus É Inocente* dediquei um capítulo à etimologia, onde disse que 'De início, convém informar que etimologia vem de *étimo* + *logos*, isto é, o estudo da origem das palavras. Conhecer etimologia nos ajuda a ler melhor, escrever melhor; enfim, nos comunicarmos melhor. No mínimo, facilita nosso entendimento quando somos apenas receptores da mensagem. Mesmo porque, do ponto de vista etimológico, comunicar significa tornar comum, acessível a todos. Daí, nada mais evidente que entendermos o espírito da comunicação como a capacidade de transmitirmos ideias de forma clara, de forma simples'.

O resultado prático da etimologia em redação publicitária é o mesmo, por exemplo, que um guitarrista de jazz obtém ao exercitar-se pela escala do instrumento. Rápido, mais rápido, ainda mais rápido e sempre mais perfeito (ouça um cara chamado Django Reinhardt e conheça sua história pra ver do que estou falando), até chegar a solos e harmonias inesquecíveis. O que este músico fez foi desenvolver recursos técnicos próprios para improvisar com toda segurança e, sobretudo, arte.

Imprevisível, portanto improvisável.

A redação publicitária, pela natureza imprevisível da profissão, é a mesma coisa. O redator bem preparado poderá, sem sombra de dúvida, compor melhor, improvisar melhor e apresentar resultados indiscutivelmente melhores.

EXEMPLO

Para exemplificar aonde o estudo da etimologia pode nos levar, vamos 'desmontar' etimologicamente a frase: ALGUNS POLÍTICOS TÊM SIDO ACUSADOS DE CORRUPÇÃO e remontá-la com os resultados obtidos.

Alguns: originado provavelmente do latim *alicunus*, que significa 'entre dois ou mais';

Políticos: do latim *politicus*, que vem do grego *politikós* (derivada, por sua vez, de *polýs* = muitos), que significa algo como 'aquele que conduz muitas pessoas';

Têm: conjugação do verbo ter, oriundo do latim *tenere*, que significa 'estar na posse de algo';

Sido: conjugação do verbo ser, oriundo do latim *sedere*, que significa 'estar sentado';

Acusados: do latim *acusare*, que significa 'incriminar';

De: do latim *de* (mesmo significado do atual);

Corrupção: do latim *corumpere*, que significa 'decompor, estragar, perverter, depravar'.

Resultado:
ENTRE DOIS OU MAIS DAQUELES QUE CONDUZEM MUITAS PESSOAS ESTÃO NA POSSE DE ALGO QUE OS INCRIMINA POR DEPRAVAÇÃO.

Obs.: no exemplo, por se fundir com o verbo ter, a etimologia do verbo ser (sido) não foi incluída na frase resultante.

Como se vê, podemos criar uma estrutura toda nova, sem perder o sentido da frase original. No exemplo, creio, a frase obtida ficou até mais contundente que a original. Isto é tão mais importante de conhecer à medida que, mais e mais, a Propaganda lança mão de expressões corriqueiras, esgotando-as, e dando-nos a impressão de que não conseguiremos, ou será um tanto difícil, criar algo de verdadeiramente novo.

Veja, se desmontarmos novamente a frase obtida, certamente chegaremos a mais um resultado surpreendente e, assim, com esta sucessão de tentativas, começaremos a trilhar alternativas antes impensáveis.

Você há de convir que isto é uma mão na roda quando precisamos dizer alguma expressão desgastada de modo inovador.

Procure a origem das palavras 'gota', 'de' e 'água' em algum dicionário etimológico.

7
Enriqueça seu Vocabulário

ARGUMENTO

Parece seção da *Seleções* do Reader's Digest (revista publicada em 19 idiomas e 60 países) e, na verdade, é mesmo.

Palavras são para o redator o mesmo que tijolos para o pedreiro. Sem suas matérias-primas, nem redator nem pedreiro nem profissional algum será capaz de fazer seja lá o que for. Não tem jeito: sem dominar bastante bem o vernáculo, necas de pitibiribas! Você nunca vai conseguir obter nem o grau de 'honorável redator razoável'. Um redator sem palavras é ridículo!

Não sabe o que é vernáculo? Vernáculo é... ora, vá ver no dicionário!

O guardião-mor do vernáculo é o nosso velho conhecido dicionário. Ele, o dicionário é, de fato, a fonte óbvia e primeira de matéria-prima para o redator publicitário. Com sarcasmo, você me dirá: 'é, seu bobinho, estou cansado de saber disso!' Ao que eu lhe pergunto: mas há quanto tempo você não dedica um tempinho para a leitura do gajo? Sugestão: aproveite aquele momento de ócio obrigatório ao qual a natureza nos estimula diariamente e vá ler dicionário no banheiro, ora! Deixe o Domenico de Masi feliz por saber que você tem se dedicado a algum ócio criativo!

Para quem não sabe, há dicionários de todos os tamanhos, formas e aplicações: de idiomas (até de tupi-guarani e outras línguas indígenas), de etimologia, de termos técnico-científicos, de sinônimos, de rimas etc. Uma olhadela nas prateleiras das grandes livrarias ou nos mecanismos de busca da Internet dão uma ótima ideia da imensa variedade de títulos disponíveis.

Enriqueça seu Vocabulário

Desenvolva o hábito de sempre dar uma olhadinha nos dicionários; se puder, compre-os todos. Exercite-os, fazendo com que eles virem suas páginas bem debaixo dos seus olhos!

'A caneta é mais poderosa que a espada.' Você certamente já ouviu estas palavras de Richelieu proferidas por algum personagem dos filmes do Indiana Jones. E alguém também já disse que armas perigosas não devem estar ao alcances dos tolos. A começar pelas máquinas de escrever.

EXEMPLO

Quer um bom exemplo do que um dicionário fará por você, ilustre senhor pretendente ao cargo de redator publicitário? Imagine que caia na sua mesa um pedido para criar uma campanha para aguardente de cana, vulgo pinga. No verbete aguardente, você encontrará algo como 'S. f. Bebida destilada de cana-de-açúcar ou...' Idem para o verbete pinga.

Ainda é pouco. Redatores precisam de bem mais do que isso.

Porém, consulentes experimentados dos dicionários não caem nessas armadilhas, não se satisfazem, e vão adiante, até encontrar o verbete cachaça. O que o tal verbete nos dá? Apenas cento e cinquenta sinônimos (no Aurélio), ou cento e cinquenta pontos de partida para 'uma boa ideia', para a sua grande ideia. Sacou a importância de saber consultar dicionários e fazê-lo com frequência?

Cachaça

1. Abre
2. Abrideira
3. Aca
4. Aço
5. A-do-ó
6. Água-benta
7. Água-bruta
8. Água-de-briga
9. Água-de-cana
10. Água-que-gato-não-bebe
11. Água-que-passarinho-não-bebe
12. Aguardente
13. Aguardente de cana
14. Aguarrás
15. Águas-de-setembro
16. Alpista
17. Aninha
18. Arrebenta-peito
19. Assovio-de-cobra
20. Azougue
21. Azuladinha
22. Azulzinha
23. Bagaceira
24. Baronesa
25. Bicha
26. Bico
27. Birita
28. Boa
29. Borbulhante
30. Boresca
31. Branca
32. Branquinha
33. Brasa
34. Brasileira
35. Caiana
36. Calibrina
37. Cambraia
38. Cana
39. Cândida
40. Canguara

41. Canha	67. Fruta	95. Mandureba	123. Purinha
42. Caninha	68. Gás	96. Mundureba	124. Quebra-goela
43. Canjebrina	69. Girgolina	97. Marafo	125. Quebra-munheca
44. Canjica	70. Goró	98. Maria-branca	126. Rama
45. Capote-de-pobre	71. Gororoba	99. Mata-bicho	127. Remédio
46. Catuta	72. Gramática	100. Meu-consolo	128. Restilo
47. Caxaramba	73. Guampa	101. Minduba	129. Retrós
48. Caxiri	74. Homeopatia	102. Miscorete	130. Roxo-forte
49. Caxirim	75. Imaculada	103. Moça-branca	131. Samba
50. Cobreira	76. Já-começa	104. Monjopina	132. Sete-virtudes
51. Corta-bainha	77. Januária	105. Montuava	133. Sinhaninha
52. Cotreia	78. Jeribita	106. Morrão	134. Sinhazinha
53. Cumbe	79. Jurubita	107. Morretiana	135. Sipia
54. Cumulaia	80. Jinjibirra	108. Não-sei-quê	136. Siúba
55. Danada	81. Junça	109. Óleo	137. Sumo-da-cana
56. Delas-frias	82. Jura	110. Orotanje	138. Suor-de-alambique
57. Dengosa	83. Legume	111. Otim	139. Supupara
58. Desmancha-samba	84. Limpa	112. Panete	140. Tafiá
59. Dindinha	85. Lindinha	113. Parati	141. Teimosa
60. Dona-branca	86. Lisa	114. Patrícia	142. Terebintina
61. Ela	87. Maçangana	115. Perigosa	143. Tira-teima
62. Elixir	88. Malunga	116. Pevide	144. Tiúba
63. Engasga-gato	89. Malvada	117. Pilóia	145. Tome-juízo
64. Espírito	90. Mamãe-de-aluana	118. Pinga	146. Três-martelos
65. Esquenta-por-dentro	91. Mamãe-de-aruana	119. Piribita	147. Uca
66. Filha-de-senhor-de-engenho	92. Mamãe-de-luana	120. Prego	148. Veneno
	93. Mamãe-de-luanda	121. Porongo	149. Xinapre
	94. Mamãe-sacode	122. Pura	150. Zuninga

Procure no dicionário, pelo prazer de procurar, as palavras 'gota', 'de' e 'água' e mais todas as palavras diretamente a elas relacionadas, isto é, tudo aquilo que consta nos verbetes, como substantivo, preposição etc.

8
Crie Jogos e Brincadeiras com as Letras

ARGUMENTO

Um velho amigo meu costumava dizer que 'durante o dia, quando estou trabalhando, minha namorada é o produto que preciso anunciar'.

Com isso, podemos entender que o produto que temos por desafio engrandecer anunciando-o deve ser objeto de todas as nossas melhores atenções, talqualmente – como diria Odorico Paraguaçu – as pessoas de quem gostamos muito.

Coloque um produto qualquer à sua frente e olhe para ele. Olhe bastante, por muito tempo e sem pensar em mais nada. Concentre-se em cada detalhe do produto, como sua constituição física, características visuais, seu nome, tamanho, peso etc., etc., e mais mil et ceteras! Namore-o.

Dica: ideias, frases e palavras são voláteis. Tenha sempre à mão algo onde anotá-las.

Veja se você consegue associar alguma letra do nome a algum objeto, ou alguma característica do produto a uma letra. Isso pode ser um bom ponto de partida para um anúncio.

A letra H parece o edifício do Congresso, em Brasília? A letra O lembra uma vista aérea do Maracanã? O B dá pra associar com o traseiro de alguém? O J é um anzol? O X é um cruzamento? O T é um martelo?

Fique atento a esta possibilidade de brincar com as letras, particularmente as das palavras relacionadas ao produto.

Ótimos exercícios também podem ser obtidos com aqueles joguinhos infantis que têm todas as letras soltas, para que a criança aprenda a formar palavras. Compre um joguinho desses e vá brincar!

EXEMPLO

Da mesma forma que você vê carneirinhos ou o Papai Noel, por associação, ao olhar para as nuvens, veja se você consegue extrair do nome do produto, ou de alguma letra ou, ainda, de alguma ideia a ele associada, um mote para seu trabalho, como foi o caso desses anúncios para o whisky J&B, onde o criativo brincou com as letras que formam o nome do produto:

'A Fonte da Juventude'

'Com água'

Ou, muito pior para nós brasileiros, como foi o caso de um anúncio veiculado em Buenos Aires para um jogo entre as duas seleções de futebol. Os criativos argentinos encontraram um meio, digamos, muito pouco lisonjeiro, para demonstrar o que esperavam que sua seleção fizesse com a nossa. Infelizmente, não encontrei o anúncio original, mas procurei reproduzi-lo o mais fielmente possível.

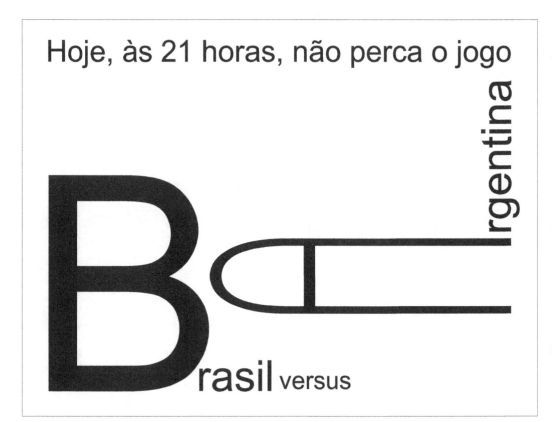

Olhe atentamente para cada uma das letras de 'gota d'água' e veja que resultados você consegue obter.

9
Crie Jogos e Brincadeiras com as Palavras

ARGUMENTO

Pode perguntar para qualquer psicólogo: é verdade que existe um *homo ludens*, um homem que brinca, no interior de qualquer pessoa, de todas as pessoas? Certamente ele lhe dirá que, à exceção dos psicopatas, sociopatas e demais malucos em geral, sim, há em todo mundo uma necessidade inata de brincar, de relacionar-se com o mundo pela diversão, pelo bom humor, pela fantasia, enfim. Não se iluda, até mesmo aquele sujeito fechadão, metido a sério, com cara de vice-presidente de banco, gosta de ser positivamente surpreendido.

O ato de criar jogos e brincadeiras com o texto publicitário serve exatamente a esse propósito de surpreender, transportando o leitor do anúncio a um mundo agradabilíssimo de fantasia e satisfação.

Lembro-me de um anúncio sobre turismo no Caribe, em que o texto estava redigido de maneira manuscrita e, à medida em que avançava na descrição dos lugares sensacionais que o protagonista do anúncio visitara, não apenas as frases começavam a se simplificar em sintaxe, como a própria caligrafia havia se transformado, de algo adulto que era no princípio, em garranchos tipicamente infantis. Quer maneira mais eficaz de dizer que no Caribe você se diverte a ponto de voltar a ser criança?

A razão é advogada da emoção.

Estimular a interação é outra forma de fazer brincar. Veja o anúncio a seguir. Seu texto é claro: *Este anúncio está em Braille. Ele diz: 'Você só tem um par de olhos. Examine-os a cada ano ou dois.'* Instituto por uma visão melhor.

48 O Aprendiz

This is Braille. It says: "You've got only one pair of eyes. Have them examined every year or so." Better Vision Institute.

Agência: Doyle Dane Bernbach, New York, EUA.

Crie Jogos e Brincadeiras com as Palavras **49**

E também este anúncio sensacional da revista *The Economist*:

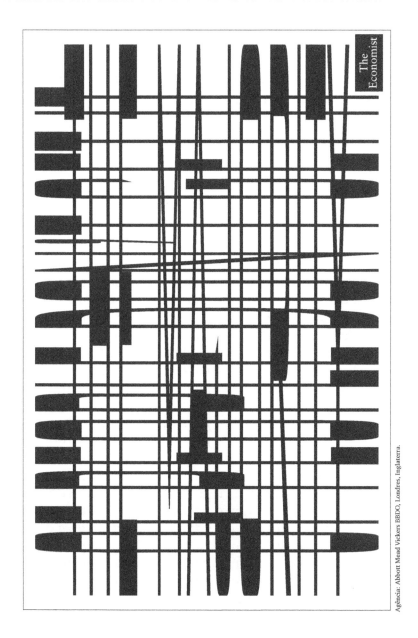

Em Propaganda nada é gratuito.

Nada impede que você venha a valer-se, também, de artifícios literalmente lúdicos, como convidar o leitor a fazer joguinhos como Forca, Jogo da Velha, Palavras Cruzadas etc., envolvendo o nome do produto anunciado ou algo relacionado ao argumento fundamental do seu anúncio.

Evidentemente, seja lá qual for o recurso que você venha a apelar, jamais se esqueça de que ele deverá ter um propósito bem definido

Brinque com o leitor do anúncio e faça-o brincar também!

EXEMPLO

Já que você vai lidar e brincar com mil palavras, ao menos tenha uma melhor ideia do que é isso.

Palavra palavra

*palavra palavra palavra palavra palavra palavra palavra palavra palavra palavra
palavra palavra palavra palavra palavra palavra palavra palavra palavra palavra
palavra palavra palavra palavra palavra palavra palavra palavra palavra palavra
palavra palavra palavra palavra palavra palavra palavra palavra palavra palavra
palavra palavra palavra palavra palavra palavra palavra palavra palavra palavra
palavra palavra palavra palavra palavra palavra palavra palavra palavra palavra
palavra palavra palavra palavra palavra palavra palavra palavra palavra palavra
palavra palavra palavra palavra palavra palavra palavra palavra palavra palavra
palavra palavra palavra palavra palavra palavra palavra palavra palavra palavra
palavra palavra palavra palavra palavra palavra palavra palavra palavra palavra
palavra palavra palavra palavra palavra palavra palavra palavra palavra palavra
palavra palavra palavra palavra palavra palavra palavra palavra palavra palavra
palavra palavra palavra palavra palavra palavra palavra palavra palavra palavra
palavra palavra palavra palavra palavra palavra palavra palavra palavra palavra
palavra palavra palavra palavra palavra palavra palavra palavra palavra palavra
palavra palavra palavra palavra palavra palavra palavra palavra palavra palavra
palavra palavra palavra palavra palavra palavra palavra palavra palavra palavra
palavra palavra palavra palavra palavra palavra palavra palavra palavra palavra
palavra palavra palavra palavra palavra palavra palavra palavra palavra palavra
palavra palavra palavra palavra palavra palavra palavra palavra palavra palavra
palavra palavra palavra palavra palavra palavra palavra palavra palavra palavra
palavra palavra palavra palavra palavra palavra palavra palavra palavra palavra
palavra palavra palavra palavra palavra palavra palavra palavra palavra palavra
palavra palavra palavra palavra palavra palavra palavra palavra palavra palavra
palavra palavra palavra palavra palavra palavra palavra palavra palavra palavra
palavra palavra palavra palavra palavra palavra palavra palavra palavra palavra
palavra palavra palavra palavra palavra palavra palavra palavra palavra palavra
palavra palavra palavra palavra palavra palavra palavra palavra palavra palavra
palavra palavra palavra palavra palavra palavra palavra palavra palavra palavra
palavra palavra palavra palavra palavra palavra palavra palavra palavra palavra
palavra palavra palavra palavra palavra palavra palavra palavra palavra palavra
palavra palavra palavra palavra palavra palavra palavra palavra palavra palavra*

palavra palavra

*palavra palavra palavra palavra palavra palavra palavra palavra palavra palavra
palavra palavra palavra palavra palavra palavra palavra palavra palavra palavra
palavra palavra palavra palavra palavra palavra palavra palavra palavra palavra
palavra palavra palavra palavra palavra palavra palavra palavra palavra palavra
palavra palavra palavra palavra palavra palavra palavra palavra palavra palavra
palavra palavra palavra palavra palavra palavra palavra palavra palavra palavra
palavra palavra palavra palavra palavra palavra palavra palavra palavra palavra
palavra palavra palavra palavra palavra palavra palavra palavra palavra palavra
palavra palavra palavra palavra palavra palavra palavra palavra palavra palavra*

Eis mil palavras. Brinquei com você.

Crie um jogo de palavras com 'gota d'água'.

10
Fuja dos Vícios

ARGUMENTO

No apêndice de *Propaganda É Isso Aí!*, 1ª edição, texto Saudades do Mobral, citei alguns vícios irritantes que se vê à farta nos textos publicitários, como é o caso dos anúncios que começam com a locução 'Se você' e são concluídos por alguma frase iniciada com 'Afinal...' Ou os *slogans* que sempre se valem da estrutura 'imperativo + pronome demonstrativo + substantivo', como 'Compre esta ideia', 'Faça esta opção', 'Prefira esta marca'.

A discussão acerca de vícios de linguagem nos textos publicitários está, em nosso caso, mais voltada à questão da eficiência da comunicação (retorno ou *recall*, como queira) que à da gramática em si mesma.

Quando muitos dizem a mesma coisa, do mesmo jeito, poucos se destacam.

Vício é linguagem ruim e em Propaganda isso significa dinheiro no lixo.

Por sermos humanos, não percebemos, muitas vezes, nossos tiques nervosos, hábitos etc., e, do mesmo modo, não notamos os vícios de linguagem que carregamos e expressamos quase que inconscientemente. Mas outras pessoas notam. Se essas outras pessoas são o sr. Target & *friends*, sempre muito críticos em relação à Propaganda, os vícios contribuem, ainda que minimamente, para afastá-los do produto.

Acho que ninguém discute que textos ruins depõem contra a Propaganda e o produto anunciado.

Lógica, acima de tudo. Cuidado com a ordem com que as palavras aparecem num texto: Apenas dez parcelas de 100 reais é uma ideia diferente de dez parcelas de apenas 100 reais.

EXEMPLO

Enquanto publicitário a nível de redator, junto com um diretor de arte, você vai estar fazendo com que as pessoas estejam sendo atingidas por mensagens e exijam, cada vez mais, maiores detalhes sobre os produtos.

É assim, de vício em vício acumulado, que chegamos inconscientemente à condição de péssimos redatores, profissionais que comunicam mal suas ideias.

Só na primeira frase há sete vícios muito comuns de serem encontrados por aí:

- **Enquanto publicitário.** Ninguém é alguma coisa 'enquanto', significando 'na condição de'. Enquanto é advérbio de tempo e não se presta a descrever modo.
- **A nível de.** Péssimo. Primeiro, porque, ao se referir a níveis, sejam eles hierárquicos, volumétricos e outros, diz-se 'em nível'; depois, porque a expressão já atingiu um grau de repugnância geral como poucas.
- **Junto com.** Se é junto, já é com alguma coisa ou alguém. O ideal é junto a.
- **Estar fazendo e estejam sendo.** Esta união de infinitivo com gerúndio é um horror. No exemplo, bastava usar *fazer* e *sejam*.
- **Cada vez mais.** Vício por repetição exaustiva. É um recurso de ênfase muito desgastado. Melhor evitá-lo.
- **Maiores detalhes.** Detalhes são, por natureza, pequenos, o que conflita com a ideia de maior. Melhor seria dizer *mais detalhes*. O mesmo se aplica a informação. Vê-se frequentemente a expressão *maiores informações podem ser obtidas...* Ora, em casos assim, informações não são maiores nem menores, são mais ou são menos. O fato de uma informação necessitar de mais palavras do que outra para ser expressada não faz dela uma informação maior nem faz da outra, menor. A informação *o carro é azul* não é maior do que a informação *o carro importado do Japão é azul*; é diferente, é mais detalhada, exigiu mais palavras, talvez seja mais precisa, mas não é maior. Sugerir a existência de *maior informação* também pode dar margem

a que se pense que o anúncio não tem suficiente qualidade informativa, que suas informações são pequenas. Prefira *mais informações*.

Indo um pouco mais adiante, da mesma forma é fácil encontrarmos expressões como *Faça chuva ou faça sol* ou *há muitos anos atrás*. No primeiro caso, lembre-se de que existe o verbo impessoal chover (não *faz chuva*, apenas chove) e não existe um verbo para o fato de o dia estar ensolarado. Portanto, melhor usar *chova ou faça sol*. No segundo caso, ou você escreve *há muitos anos* ou *muitos anos atrás* ou, ainda, *faz muitos anos*.

Eduardo Martins, em seu *Manual de redação e estilo*, cita vários outros casos, particularmente os pleonasmos viciosos, correntemente vistos em anúncios e reportagens. Selecionei alguns que me pareceram prováveis de se encontrar nos textos publicitários:

- **Acabamento final.** Se é acabamento, só pode ser final. Imagine um anúncio de tinta que prometa um *excelente acabamento final para as paredes de sua casa*.

- **Agora já.** O risco de usarmos essa expressão é maior nos apelos de promoções e concursos: *Participe! Agora já é hora de você ganhar um carro zero quilômetro!*

- **Criar novos.** Dá pra criar algo que não seja novo? Frase típica de marqueteiro: *vamos criar novos hábitos de consumo*.

- **Elo de ligação.** Não existe elo que não seja de ligação. Certamente, você já viu algo como *nossos serviços são o elo de ligação entre você e o mundo!*

- **Encarar de frente.** Alguns anúncios de caráter mais argumentativo correm sérios riscos de dizer: *chegou a hora de encarar o problema de frente*. Será possível encarar de costas?

- **Estrelas do céu.** Onde mais haverá estrelas (de verdade)? Exceção óbvia para estrelas do cinema, estrelas da música nacional etc. Cuidado, principalmente naqueles anúncios mais poéticos.

Fuja dos Vícios

- **Exultar de alegria.** Exultar de tristeza é que não dá. Título possível de encontrarmos por aí: *Com a nossa promoção, você vai exultar de alegria!*
- **Habitat natural.** Que tal, *Participe da Promoção Vou Pra África. E veja os leões em seu habitat natural!*?
- **Países do mundo.** Há países que não sejam do mundo? Quantas vezes você já viu *Nossa empresa está presente em todos os países do mundo?*
- **Planos para o futuro.** Dá pra planejar o passado ou o presente? Imagine a caderneta de poupança do seu banco sugerindo ao sr. Target que *Com a Poupança Plofts, você faz mais planos para o seu futuro e o dos seus filhos!*
- **Sorriso nos lábios.** A menos que façamos algum esforço anatômico inédito e surpreendente, um sorriso será sempre nos lábios. Mas não será incomum algum redator entusiasmar-se e tascar no texto um *Dê um diamante para sua amada. O sorriso em seus lábios será para sempre!*
- **Sua autobiografia.** Esta expressão me faz lembrar de "vou 'cantar uma canção' que eu fiz de minha autoria". Título certamente já publicado por aí: *Fulano de Tal lança sua autobiografia pela editora Plofts!*
- **Surpresa inesperada.** Olha o perigo: *Comprando os produtos Plofts, você pode ter uma surpresa totalmente inesperada: ganhar uma viagem com tudo pago para Nova York!*

Sugiro que você fique atento sobretudo aos vícios que surgem diariamente, pois identificá-los e evitá-los será garantia de qualidade para os seus textos!

Pisei na bola. Vícios de linguagem são, além de contagiosos, sempre muito sorrateiros: normalmente, nem percebemos quando os falamos ou escrevemos. Ao rever muitos dos meus textos, inclusive dos livros Propaganda É Isso Aí! *e* Deus É Inocente, *encontrei todos os citados na primeira frase do* EXEMPLO (exceto 'a nível de' e o caso do verbo chover).

Escreva um pequeno conto, cheio de vícios de linguagem, e de aproximadamente uma página, com o título 'A gota d'água que vicia'.

11
Pense com Duplo Sentido

ARGUMENTO

Da mesma forma que são exigidos dos atletas requisitos básicos como capacidade aeróbica, anaeróbica, massa muscular, proporção músculo/gordura ou sei lá o que mais, assim também se faz com o criativo da Propaganda. Só que em lugar de aeróbicos, anaeróbicos e o escambau, espera-se, neste nosso caso, o desenvolvimento de determinados tipos de raciocínio e percepção.

Uma das capacidades mais esperadas é a de pensar com duplo sentido (nada a ver com o dupli-pensar de George Orwell, no livro *1984*), não pela potencialidade de que venhamos a produzir um porrilhão de sacadinhas e piadinhas (isso é puro lixo publicitário), mas porque ajuda na 'amarração' do anúncio e, sobretudo, porque contribui para chegarmos a anúncios que façam o sr. Target pensar um pouquinho mais acerca do que queremos que ele pense! O duplo sentido auxilia sua fixação por mais tempo na mensagem publicitária.

'Palavras são palavras, nada mais que palavras.' Que bobagem.

Há algumas alternativas, podemos dizer, universalmente aceitas de se trabalhar com o duplo sentido. Uma delas é a surpresa, como você verá no exemplo logo adiante.

O humor também ajuda muito, mas cuidado: o processo psicológico que rege o humor não é exatamente igual ao que sua mente usa para fazer criação publicitária, mesmo quando se tratar de anúncios bem-humorados. Você pode acabar fazendo uma boa piada, porém sem trazer benefício algum ao produto.

Veja este caso onde eu e o Newton Cesar conseguimos um bom resultado, com humor leve, para o serviço Lista de Casamento das lojas Camicado, a mais importante rede de lojas de presentes e utilidades domésticas da Grande São Paulo. Brincamos com a ideia do clássico pinguim de geladeira para dizer aos noivos que ao entregar sua lista de casamento na Camicado eles não correm mais o risco de ganhar presentes inúteis ou repetidos (acompanhavam material de ponto-de-venda, de suporte a ações promocionais etc.).

Título:
SEIS DICAS PARA EVITAR UMA COLEÇÃO DE PINGUINS

Texto:
1. *Cuide com atenção de todos os preparativos para o seu casamento.*
2. *Distribua muitos e muitos convites. Quanto mais, melhor.*
3. *Dê festa, senão ninguém vai.*
4. *Assegure-se de espalhar a todos que ainda não tem geladeira.*
5. *Faça sua lista de presentes na Camicado.*
6. *Pronto! Você já não corre mais riscos.*

EXEMPLO

As administradoras de pedágios das rodovias do Estado de São Paulo fizeram campanha apresentando os benefícios aos motoristas gerados pela arrecadação destas tarifas. O *slogan* da campanha é um exemplo perfeito do duplo sentido: PEDÁGIO. VOCÊ PODE COBRAR DA GENTE.

O que ali se diz é que você, usuário, deve exigir o retorno do seu dinheiro na forma de apoio e serviços, e que a administradora está atenta a seus deveres e responsabilidades. Além disso, pela alusão ao fato de que o que se espera é que a administradora cobre o pedágio, ao inverter a ordem lógica pelo duplo sentido do *slogan*, criou-se uma surpresa que certamente fará com que o sr. Target detenha-se por mais tempo no apelo publicitário. Não será esse um dos principais objetivos da Propaganda?

Dê duplo sentido à gota d'água.

12
Conheça Tipologia, Exercite Tipologia, Compare Resultados

ARGUMENTO

O redator tem o dever literal de ofício de conhecer palavras em toda sua amplitude: como elas devem e podem ser empregadas, o que significam ou poderiam significar, de onde vêm e de que são feitas.

Assim, o logotipo *Mother & Child* reproduzido adiante poderia muito bem ter sido criado por um redator. E não me venha com as chorumelas de sempre, de que redator não é diretor de arte, que este logotipo está mais para arte do que para texto, nada disso!, porque, tanto quanto um diretor de arte, o redator não pode prescindir de alguma cultura tipográfica.

É simples: letras formam palavras, que formam frases, que transmitem ideias. Letras têm, cada uma, um espírito próprio que deriva da família de tipos com que essa letra é expressa. Portanto, famílias de tipos diferentes interferem em maior ou menor grau na ideia final que você quer levar adiante. Em outras palavras (formadas por outras letras) conhecer tipologia é namorar tipologia.

Veja em Propaganda É Isso Aí! *Volume 2, no capítulo sobre Criação, comentário do diretor de arte Adeir Rampazzo acerca de tipologia. Veja também o último capítulo do livro* Marca, *de Francesc Petit.*

Logotipo e logomarca são coisas distintas. O primeiro é concebido a partir dos tipos que compõem o nome da instituição que se quer representar. O segundo é concebido através de uma figura qualquer à qual se deseja que o nome da instituição seja associado. Coca-Cola, por extenso, é logotipo. A forma elíptica que consta dos produtos da Nike é logomarca. Em Direito Comercial são conhecidas, respectivamente, por marca nominativa e marca figurativa; havendo as duas simultaneamente, chama-se marca mista, como é caso do nome Mercedes-Benz (na família de tipos Times, condensado) acompanhado da estrela de três pontas.

EXEMPLO

Um clássico. Logotipo criado nos anos 70 pelo artista gráfico Herb Lubalin.

Herb Lubalin (1918-1981) foi um dos mais importantes designers gráficos norte-americanos. Criou, entre outras, as famílias de tipo Avant-Garde e Lubalin. Nas décadas de 1970 e 1980, influenciou profundamente o mundo inteiro em design gráfico e de tipos.

> Já que a informática facilitou as coisas, escreva 'gota d'água' com, ao menos, umas cinquenta tipologias diferentes e analise os resultados, eliminando as que você acha inadequadas, até chegar à tipologia campeã para o caso.

13
Dicas assombrosas

Vou dizer pela enésima vez: na vida não há certezas nem regras fixas pra coisa nenhuma, seja pra viver, seja pra escrever textos publicitários.

Isso não impede, porém, que a gente vá colecionando uma série de regrinhas práticas, que quebram um baita galho e nos ajudam a ter pelo menos um tiquinho de segurança de que estamos fazendo algo razoável.

As dicas a seguir – que chamei de assombrosas só pra fazer jogo de cena – vêm sendo transmitidas por gerações e gerações de escritores, jornalistas e, é claro, redatores publicitários. Aliás, você irá encontrá-las distribuídas por todo o livro, mas de formas disfarçadas (a ideia deste capítulo é facilitar mesmo as coisas).

Não criei nenhuma delas. Apenas selecionei aqui algumas que são, podemos dizer, matadoras. Que não falham nunca e convém que sejam lembradas durante aquele momento de profundo gozo & prazer chamado ato textual.

1ª dica: textos publicitários são dirigidos para a 2ª pessoa do singular. Isso mesmo: tu, você. Ninguém lê um texto nem ouve uma mensagem a dois, no sentido de usar olhos e ouvidos do outro. Mesmo que estejamos no meio do Maracanã lotado, lemos e ouvimos sozinhos. Por isso, fale com 'você, prezado consumidor', não 'vocês, prezados consumidores'.

2ª dica: comunicação não é o que você diz, é o que o outro entende. Não sei quem foi o gênio que fez esta que é, no meu entendimento, a mais evidente das constatações jamais trazidas à luz na história da humanidade e que, no entanto, ninguém faz muita questão de lembrar na hora de se comunicar. A dica, aqui, é: tente pensar com a cabeça de quem vai ler seu texto. Não o nivele por cima nem por baixo (mas veja a dica 4 a seguir). Apenas tente ter um mínimo de segurança de estar usando as palavras certas para um determinado público, que as frases estejam dispostas numa ordem clara, que não haja empregos de jargões nem termos pouco usuais, que o ritmo da frase esteja fluindo bem e que não haja ruído de espécie alguma. Passe o texto a limpo muitas vezes. Escreva, re-escreva, re-escreva, re-escreva...

3ª dica: apenas escreva um anúncio. Toda comunicação pressupõe uma tentativa de convencimento, já dizia o monumental Aristóteles. Lembre-se de que você está escrevendo propaganda, apenas propaganda, não tratados ou romances. Seu objetivo é vender, seu texto precisa ter uma meta clara. Seu texto está a serviço de uma venda.

4ª dica: simplifique. Hitler e Göebbels já nos ensinavam sordidamente que quanto maior o número provável de leitores, menor deve ser o nível de sofisticação do texto, para que fique assegurado o atingimento de mais pessoas (estes sujeitos foram uns f.d.p., mas eram craques em comunicação de massa). Nunca se esqueça de que o texto publicitário deve ser claro, direto, envolvente, inteligente, objetivo, simples, sintético, surpreendente, vendedor, verdadeiro.

5ª dica: ordene o raciocínio. Este é, talvez, o principal fundamento do texto, qualquer texto. Primeiro o que vem primeiro, depois o que vem depois. Não troque os pés pelas mãos tentando provar uma teoriazinha boboca qualquer com um argumentozinho de quinta categoria (clientes adoram exigir bobagens assim e redatores inexperientes morrem de medo de peitar os caras). Se você vai dizer que o carro é econômico e confortável, diga apenas que ele é econômico e confortável. Depois, você explica as razões de cada atributo. Não viaje na maionese, viaje no produto (a menos que você esteja anunciando uma maionese de verdade). Não se esqueça de que papel e tinta, ou rádio e TV, pouco importam; são meros artifícios físicos que servem apenas para transportar raciocínios de uma cabeça (a de quem escreve) para outra (a de quem lê), evocando sensações e esperando reações. Portanto, lógica, pelamordedeus, muita lógica.

6ª dica: o texto publicitário pede períodos curtos. Cuidado redobrado com aquelas orações que não terminam nunca, que ocupam linhas e linhas do parágrafo. Veja se você consegue quebrar um período longo em dois ou mais períodos curtos, mantendo a sequência do raciocínio. Apenas tome cuidado pra não escrever algo muito esquemático, com cara de telegrama – 'Produto bom. Compre. Perto de você' –, pra não ficar parecendo conversa de índio de filme americano.

7ª dica: seu texto deverá ser a síntese do *briefing*. E síntese pode ser definida como o complemento lógico da análise. Em outras palavras, seu texto começará a ser escrito muito antes de você pegar em lápis e papel; ele nascerá de uma visão clara que você, redator, terá a respeito do que deve ser dito, por que deve ser dito, onde deve ser dito e a quem deve ser dito. Uma boa síntese exige compreensão da informação original, pelo reconhecimento das ideias ali contidas, pelo reconhecimento da tese central, de forma a não deixar dúvidas.

8ª dica: razão não vende, trabalhe o que é subjetivo. Do ponto de vista linguístico, as palavras podem ser vistas por dois ângulos distintos: o significante e o significado. O significante, ou campo da expressão, é a parte perceptível, constituída pelos sons. Significante é objetividade. Já o significado é o inteligível, é o conceito. Significado é subjetividade. Nas palavras, percebemos os significantes (sons objetivos) que nos fazem lembrar dos significados (conceitos subjetivos). Por consequência, os sentidos das palavras compreendem dois campos: o denotativo, ou referencial, e o conotativo, ou afetivo. A palavra literal é denotativa, como está definida num dicionário, por exemplo. A palavra interpretada é conotativa, como nós a entendemos de acordo com o momento e a circunstância, nossos valores, cultura etc. Por isso, atenção: o texto publicitário é conotativo. E fim de papo. Porque tem duplo sentido, evoca sensações e associações, fala às emoções e não à razão. Não confundir com o exposto na dica nº 5 anterior, porque você pode apresentar um raciocínio lógico carregado de emoção.

9ª dica: para pescar consumidores, lance uma rede semântica sobre seu texto. Pela dica anterior, podemos deduzir que conotação é pura semântica, que é definida pelos dicionários como o estudo da relação dos signos com seus significados. Quanto mais seu texto contiver elementos que reforcem os significados que se espera transmitir, mais ele envolverá o leitor. E melhor que ficar tagarelando a respeito é mostrar um exemplo. Veja o anúncio a seguir. Vá lá que é um anúncio bem boboca (eu que fiz, como exemplo), mas demonstra claramente como se pode infiltrar conotações associadas por todo o texto.

CONHECIMENTO É MESMO UM ÓTIMO NEGÓCIO. VOCÊ ADQUIRE À VISTA, PAGA EM ATÉ 10 VEZES SEM JUROS E LUCRA A VIDA INTEIRA.

Participe do curso de finanças da Escola Fictícia. Será um período rico em atividades e informações sobre como ganhar mais dinheiro.

É lucrativo, porque sua vida profissional vai dar um valioso salto de qualidade e a cotação do seu curriculum vai disparar.

Escola Fictícia S/A.

Agora, observe as palavras e locuções em negrito. Note que todas elas falam sobre a mesma ideia de valor, dinheiro, riqueza.

CONHECIMENTO É MESMO UM ÓTIMO **NEGÓCIO**. VOCÊ **ADQUIRE À VISTA, PAGA** EM ATÉ 10 VEZES SEM **JUROS** E **LUCRA** A VIDA INTEIRA.

Participe do curso de **finanças** da Escola Fictícia. Será um período **rico** em atividades e informações sobre como **ganhar** mais **dinheiro**.

É **lucrativo**, porque sua vida profissional vai dar um **valioso salto** de **qualidade** e a **cotação** do seu curriculum **vai disparar**.

Escola Fictícia S/A.

Viu como é simples? Nada que um excelente vocabulário e algum talento não resolvam.

10ª dica: uma vez terminado o texto, corte a primeira frase. Se o texto continuar fazendo sentido, aquela frase não tinha mesmo função alguma, a não ser atrapalhar e encher linguiça. Repita esta operação até que seu texto esteja devidamente enxuto.

11ª dica: guarde seu texto e o releia amanhã; melhor ainda, depois de amanhã. Acontece que nesse intervalo seu cérebro vai continuar trabalhando no texto, independentemente da sua vontade consciente, e já irá aparando algumas arestas do texto original. Quando você o reler, terá uma surpresa e tanto, porque o texto provavelmente lhe parecerá primário, incompleto, estranho. Aí, você poderá dar-lhe o devido acabamento, trazendo-o para perto da perfeição.

Mãos à obra.

14
Crie Seus Próprios Exercícios

ARGUMENTO

Criatividade não é fazer alguma coisa a partir do nada, não é nenhum *fiat lux* como reza a Bíblia, embora o ego de uns e outros cidadãos os faça pensar que são deuses, capazes do inédito absoluto.

Ser criativo em Propaganda não é ser capaz de inventar bobagem, surpresinha ou sacadinha. Criatividade é combinar informações variadas, elementos até então aparentemente desconexos, de modos jamais pensados, inéditos, para se chegar a algum resultado útil, que sirva a algum propósito claro e bem definido.

Publicitário é aquele sujeito que Deus imagina que um dia também poderá ser.

Fica evidente, então, que quanto mais elementos tivermos ao alcance, mais combinações geramos e mais criativos seremos! Ou seja: iletrados convictos estão fora do jogo! Gente que não vê os detalhes que compõem o mundo à sua volta está fora do jogo. Os que não se interessam pelo modo como outro ser humano pensa e se comporta também estão fora do jogo!

De posse de muitas informações, é indiscutivelmente saudável para um criativo – seja profissional, seja aspirante – desenvolver o hábito de combinar aleatoriamente as mais diferentes ideias e informações, sem preocupação prévia com o resultado que vai obter.

Alguém já disse que escrever um livro é muito fácil: 'Comece com uma letra maiúscula e termine com um ponto final. No meio, você coloca ideias'. Com anúncios é a mesma coisa.

Criatividade, no final das contas, é exercitar a criatividade!

John Lennon: 'keep on playing those mind games forever...'

Einstein disse que 'Deus não joga dados', num comentário sobre a previsibilidade dos eventos na natureza. Publicitários, porém, têm que 'jogar dados', se quiserem chegar a combinações inéditas e promissores de ideias (eis mais uma prova, à luz de Einstein, de que publicitários não são deuses). Nosso negócio, em criação publicitária, é a imprevisibilidade!

Por isso, crie seus próprios exercícios, seus próprios jogos mentais sobre essas associações de ideias de todos os tipos. Esses exercícios de combinação de ideias conflitantes normalmente geram perguntas certas, o que nos leva às respostas certas. Lembre-se: **o segredo está na formulação da pergunta**, não na obtenção da resposta!

EXEMPLO

Como exemplo temos o anúncio que surgiu da provável pergunta 'o que uma batata frita e catchup têm em comum com a ideia de calor que associamos à pimenta?' Daí nasceu uma foto publicitária genial para uma marca de *catchup* apimentado: uma batata frita à francesa com um pouco de *catchup* na ponta, formando a imagem de um palito de fósforo.

Faça as perguntas certas e eu garanto que você obterá grandes respostas!

Portanto, antes de pensar em criar anúncios, sugiro que será bem melhor você criar seus próprios exercícios que o ajudem a criar perguntas para criar anúncios. Ou seja: melhor desenvolver grandes métodos de pesca do que leiautes de peixes.

> Explique a um amigo seu o que a gota d'água significa neste livro e desafie-o a criar um exercício a respeito.

15
Ponha-se no Lugar do Público-Alvo

ARGUMENTO

O título do anúncio aqui reproduzido, criado pela agência Fallon-McEligot, de Minneapolis, EUA, para a Associação Americana de Agências de Propaganda, mata a pau: 'A despeito do que algumas pessoas pensam, a Propaganda não pode fazer você comprar algo de que não precisa' (veja também capítulo sobre argumentação). O publicitário experiente sabe muito bem disso, e que só conseguirá vender alguma coisa, alguma ideia, se conhecer os sonhos, as vontades e os valores do sr. Target.

Um bom argumento é que é muito difícil vender ideias que nós mesmos não 'compramos'. Assim, se nos esforçarmos por nos colocar no lugar do sr. Target, do público-alvo, mais facilmente encontraremos os meios de vender-lhe nosso peixe.

É o óbvio dos óbvios em Propaganda: fazemos anúncios para mover outras pessoas, não a nós mesmos; daí, é obrigatório, salutar, desenvolvermos e exercitarmos alguma capacidade de 'transferência de personalidade', absorvendo temporariamente valores que não são nossos, mas do segmento de pessoas que pretendemos convencer. De certa forma, somos atores.

Também use carinhosamente os instrumentos de pesquisa de mercado que, porventura, você tenha em mãos (se não tiver pesquisa assim, esforce-se por deduzir, ué!), mas não se restrinja aos números ali contidos (esses números só interessam à Mídia), porque criação publicitária é resultado do refinamento constante da nossa percepção acerca da psicologia e da sociologia, mesmo que de botequim, reinantes na sociedade, e as boas pesquisas, quando bem interpre-

David Ogilvy nos ensinava que, para todos os efeitos, não devemos fazer qualquer espécie de anúncio impossível de ser exibido aos nossos próprios familiares.

tadas, nos ajudam a entender um pouco melhor essas facetas psicológicas e sociológicas de todos a quem queremos encantar e seduzir com nossos anúncios.

Além do mais, existe uma coisa na qual acredito piamente: melhores anúncios podem nascer da empatia do profissional de Propaganda com determinadas categorias de produto. Eu, por exemplo, gosto muito de fazer anúncios de bens industriais, entre alguns outros. É mais fácil, para mim, entender o que se passa na cabeça de quem compra esse tipo de produto. Tenho colegas que simplesmente não se dão bem com esse tipo de coisa. E por aí vai.

Sei bem que não dá pra escolher o *job* que vai cair na sua mesa, mas procure fazer, mesmo assim, uma autoanálise e pergunte-se quais os segmentos de negócios que mais o atraem, com que espécie de produtos você se identifica melhor. Isso, creio, o ajudará até a direcionar o início de sua carreira, voltando-se para uma agência que tenha clientes mais afetos às suas simpatias pessoais. Sempre ajuda, né?

Junte tudo isso – ética, percepção, empatia, determinação e direcionamento pessoal – e injete na veia.

EXEMPLO

O melhor exemplo você verá na prática.

Imagine um gênero de produto que você conheça bem, tenha alto grau de empatia e para o qual gostaria muito de fazer mil anúncios. Depois, procure ao menos uns dez anúncios feitos por agências e anunciantes diferentes, todos dentro dessa categoria escolhida por você. Compare-os atenciosamente. Você ficará surpreso como será fácil descobrir os que foram criados por gente que se pôs no lugar do sr. Target e os que não foram.

> Pense em como você anunciaria sua gota d'água para os seguintes segmentos: donas-de-casa, *gays*, participantes de torcidas organizadas de futebol, meninas pré-adolescentes e fazendeiros.

III. O Artesão

Artesão. *S. m.* **1.** Artista que exerce uma atividade produtiva de caráter individual. **2.** Indivíduo que exerce por conta própria uma arte, um ofício manual [Fem.: *artesã*; pl.: *artesãos*.]

Etimologia → Artesão vem de arte, que vem do latim *ars/artis*, que significa astúcia, malícia, conjunto de preceitos. Artesão chegou ao português pelo italiano *artigiano*. O primeiro registro conhecido da palavra, mas ainda na forma *artesaão* (assim mesmo, com *aã*), data do século XV.

16
Faça um Mosaico

ARGUMENTO

Fazer um texto, qualquer texto, para qualquer finalidade é o mesmo que pintar um quadro, é fazer um mosaico com cores, tonalidades, texturas, volumes, luzes e sombras. No texto, em lugar de pincel e tinta, usam-se palavras.

O texto publicitário nos exige essa visão particular das coisas, pois temos de ser sintéticos, informativos, persuasivos e simpáticos, tudo ao mesmo tempo e em espaços sempre tão pequenos.

Assim, precisamos trabalhar esse gênero de texto com muito cuidado, da mesma forma com que um relojoeiro antigo manipulava delicadamente minúsculos mecanismos.

Fazer e refazer, trocar palavras, fazer e refazer novamente, trocar palavras de novo, imaginando-se não em uma agência de Propaganda, mas na relojoaria, onde você coloca as mínimas peças – as palavras – com precisão milimétrica, buscando resultados muito bem delineados (porque, além do mais, os meios de comunicação, pelo altos custos que representam, não são *playgrounds* à disposição da nossa vontade de brincar. Isso, sem falar do óbvio retorno esperado pelo anunciante).

O texto publicitário é filho da paciência e do conhecimento; ele é, sobretudo, uma oportunidade de satisfação e prazer.

Sempre que possível, devemos trabalhá-lo com calma e atenção, ambientando-o de acordo com o perfil do sr. Target, com as características do produto e do ambiente de mercado, os valores sociais como crenças, estética etc.

O alfabeto ocidental tem 27 letras. Na língua portuguesa, palavras podem ter de uma a, no máximo, umas vinte letras. Agora peça ao seu professor de matemática para ajudá-lo a fazer um cálculo de análise combinatória com estas informações. Você certamente chegará a números e possibilidades surpreendentes. Inclusive a palavras que ainda não existem, mas que você pode perfeitamente inventar. E você vai querer me dizer que não dá para encontrar AQUELA palavra que falta no seu texto?

Fazer do texto um mosaico é testar hipóteses de abordagens, quebras de linhas, volumes de parágrafos, sonoridades, beleza das palavras, ritmos de leitura, tudo isso até encontrar a solução perfeita (dentro das circunstâncias, claro).

EXEMPLO

Este anúncio foi criado para a tradicional Universidade Mackenzie, de São Paulo. Por uma série de razões, nem chegou a ser apresentado ao cliente. Mas é um bom exemplo de texto trabalhado como um mosaico.

A ARTE DE FAZER A HISTÓRIA

Brasil, 1922.

A Semana de Arte Moderna renova a linguagem artística e literária do país, apresentando novas ideias. Nova poesia, novas artes plásticas, nova arquitetura.

Em verso e prosa, Manuel Bandeira e Mário de Andrade declamam seus sapos e paulicéias desvairadas nas escadarias do THEATRO MVNICIPAL DE SÃO PAULO. Um escândalo.

E as artes plásticas contemplaram o expressionismo que Anita Malfatti trouxera em 1914 da Alemanha. Fato, aliás, que Monteiro Lobato já havia criticado sem a menor piedade em seu famoso artigo Paranoia.

Coisas, enfim, de um período intenso que modificou a concepção que nós brasileiros tínhamos das artes.

Anita Malfatti foi Mackenzista, como muitos outros personagens que mudaram os rumos do Brasil.

Mackenzie. Fazendo a história desde 1870.

De início, é bom que se saiba que este anúncio deu um certo trabalho, pela pesquisa exigida, e também muito prazer, pela mesma razão. Mesmo porque, por tratar-se de uma universidade com o peso do nome Mackenzie, o anúncio tinha que apresentar informação de primeira. Foi re-escrito várias vezes até chegar ao ponto que eu queria: informativo, conciso e que traduzisse um pouco o clima da época.

Note que já no primeiro parágrafo foi usado um assíndeto, ou seja, figura de linguagem onde se suprime a conjunção 'e' ao final de uma sequência de fatos: 'Nova poesia, novas artes plásticas, nova arquitetura.' A ideia era dar continuidade à frase anterior com um artifício melhor do que, por exemplo, usar dois pontos, como 'apresentando novas ideias: nova poesia, novas artes plásticas e nova arquitetura'. A supressão de partículas como as conjunções, muitas vezes melhora o ritmo da frase.

Depois, os poetas citados declamam não poesias e crônicas, mas os temas dessas obras: sapos e pauliceias, em referência a Os Sapos e Pauliceia Desvairada (Manuel Bandeira foi solenemente vaiado ao terminar de ler Os Sapos na escadaria do Municipal).

Em Teatro Municipal, tive o cuidado de observar a grafia exposta na fachada do próprio, com TH, e um V no lugar do U, à antiga moda romana. Mais um elemento ajudando a transportar o leitor no tempo.

Procurei remeter o leitor também ao conservadorismo da época, ao dizer que tudo aquilo fora 'um escândalo'. Pontuado em separado, o termo adquiriu mais força.

Já que nossa protagonista tratava-se de Anita Malfatti, valorizei seu nome ainda mais, associando-o àquele ambiente polêmico. Daí, citar Monteiro Lobato e o nome de seu famoso artigo (em suma, uma guerra de titãs, onde se batalhava 'sem a menor piedade').

Não se iluda: seus melhores anúncios até receberão elogios, mas nunca a esperada aprovação. E serão inevitavelmente veiculados na mídia gaveta.

E, no penúltimo parágrafo, uma adjetivação proposital: intenso. Dizer 'um período intenso que modificou nossa concepção' é bem mais adequado ao contexto de efervescência que se procurava demonstrar do que 'um período que modificou nossa concepção'.

Toda uma ambientação foi criada para valorizar o fato de Anita Malfatti haver sido aluna do Mackenzie. A ideia era fazer uma campanha com muitos outros personagens da história recente do Brasil que foram alunos daquela universidade (mensagem subliminar: se o Mackenzie formou gente deste gabarito, formará com qualidade você também).

EXERCÍCIO

Pero Vaz de Caminha fez o primeiro anúncio do Brasil: sua carta ao Rei. Leia a carta de Caminha (você a encontra para *download* em vários *sites*; use os mecanismos de busca da Internet), sintetize-a e faça seu próprio anúncio da descoberta do Brasil, com um texto-mosaico, dirigido ao povo português da época.

Como você faria um texto-mosaico para anunciar uma gota d'água?

17
Crie Associações de Palavras com Imagens

ARGUMENTO

Palavras têm a função indiscutível de evocar imagens na mente de quem as ouve ou lê. Em muitos casos, uma descrição precisa de algo ou uma palavra cuja colocação exata num contexto provoca a criação de uma imagem mental podem, de certa forma, tornar desnecessária a inclusão de uma imagem coadjuvante.

No entanto, se conseguirmos associar palavras com imagens para chegar a uma síntese surpreendente... yeeessss!, temos aí o embrião de um grande anúncio.

Veja o caso do anúncio para o produto Ergodyne, um apoio para o encosto dos assentos que contribui para a correta postura da coluna.

Agência: Fallon McElligott, Minneapolis, EUA.

O texto diz tudo: 'A curva em S de sua coluna precisa de apoio quando você se senta em frente ao computador, ou o esforço de uma postura ruim pode ferir suas costas, então faça direito com nosso confortável e ajustável apoio de costas."

Além disso, foi escrito em forma de S, para aumentar a associação das palavras com as imagens apresentadas (a coluna vertebral, que tem forma de S; veja também capítulo a seguir) e dramatizar ainda mais a importância de uso do produto.

Da mesma forma, o anúncio norte-americano para o Fusca aqui reproduzido (um clássico da propaganda, diga-se) cria uma associação muito interessante entre a palavra *limão* (no caso, um tratamento pejorativo) e a figura arredondada do carrinho.

Mais tarde, com o 'relançamento' do Fusca, sob o nome de New Beetle, a agência resolveu re-editar o antigo anúncio, mas, desta vez, valendo-se da expressão *Lima* (no anúncio original colorido, o carro tem a cor dessa fruta), em alusão ao antigo anúncio. Ambos, contudo, valem-se com maestria da possibilidade de associar palavras com imagens literais e as que formamos na mente.

Observe com atenção e você verá que esse recurso é empregado com frequência, particularmente pelas Propagandas norte-americana e inglesa.

Eamos ad monteum fœdere putas cum picam nostra. Calma, não vá associar estas palavras em latim a imagens erradas. O texto diz apenas: 'Vamos à montanha colher batatas com nossas enxadas.'

EXEMPLO

Estas associações também podem se dar pela forma de argumentos textuais. Veja estes dois títulos:

1. PELO TAMANHO DAS PRIMEIRAS GOTAS É QUE SE SABE O TAMANHO DA TEMPESTADE, para anúncio vendendo algum tipo de guarda-chuva mais resistente.
2. PELO TAMANHO DAS PRIMEIRAS GOTAS NEM SEMPRE SE SABE O TAMANHO DA CHUVA, para anúncio vendendo assinatura de serviço de previsões meteorológicas.

Frases quase iguais evocando algo que é plenamente conhecido de todos, isto é, tudo o que imaginamos ao perceber as primeiras gotas de chuva. Os textos induzem, portanto, e de acordo com seus propósitos, a criarmos uma associação de palavras com imagens (mentais).

No primeiro caso, nos vem à mente a imagem de um aguaceiro. Note que se diz 'tempestade' não chuva. Portanto, 'precisamos' do produto! Ele será a nossa salvação!

No segundo, fala-se em chuva, não mais em tempestade, e apresenta-se a incerteza (que é tão conhecida de todos nós) sobre o que se seguirá às tais primeiras gotas (Virá apenas um chuvisco? Cairá uma tromba d'água?), para que se venda a 'confortável certeza' oferecida pelo tal serviço meteorológico.

Em suma, palavras semelhantes usadas para a construção de associações diferentes de imagens, e conseqüente geração de reações psicológicas/emocionais úteis aos propósitos de diferentes produtos.

EXERCÍCIO

Imagine que a General Motors esteja lançando um automóvel movido a hidrogênio. Colete o máximo de anúncios automobilísticos que puder, analise cuidadosamente as associações palavras/imagens que todas as marcas concorrentes vêm usando em sua comunicação e crie associações inteiramente novas e pertinentes – tantas quantas você conseguir – para o tal lançamento.

Associe a imagem de uma gota d'água, seja a palavras, seja a outra imagem, para gerar algum efeito surpreendente.

18
Escreva Imagens

ARGUMENTO

Palavras, sabemos, são compostas por tipos que, antes de tudo, são elementos gráficos. Entendemos, por exemplo, o E como letra E, mas ele pode muito bem ser visto como um pauzinho vertical com três pauzinhos horizontais; o O pode ser enxergado somente como um círculo, e assim por diante.

Da mesma maneira que, como vimos no Capítulo 16, uma palavra ou um simples tipo podem ser usados de modo não verbal para dar vida a uma ideia, um conjunto de palavras – reunidas ou não em uma frase – também pode comunicar algo além do seu significado verbal.

A Propaganda do mundo todo apela com frequência para este recurso. Um recurso que, quando bem usado, gera efeitos surpreendentes e inesquecíveis.

Thomas Mann: Um escritor (redator) é uma pessoa para quem escrever é muito mais difícil do que para os que não o são.

Nunca me esqueço, por exemplo, de um anúncio cujo texto falava sobre jogar tênis. Realmente,

eu

nunca

me

esqueci

de

um

anúncio

cujo

texto

falava

sobre

como

jogar

tênis.

Também inesquecível seria outro anúncio que falasse sobre a potência que determinada marca de chuteira confere ao chute de um jogador de futebol, que mandou a bola pra fora d

Igualmente, outro anúncio que procurasse nos mostrar que o álcool realmente não combina com direção, porque causa muitos acidentes graves, alguns deles com víti

EXEMPLO

Como desenhar a ideia de um furacão sem recorrer ao recurso óbvio de distribuir as palavras em forma de espiral? Simples, basta lembrar que...

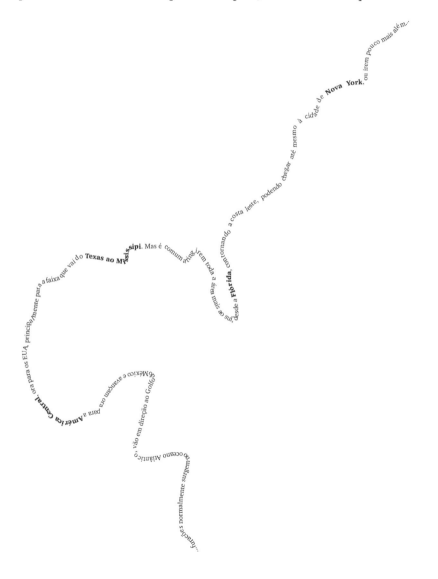

Veneno. Altamente tóxico. Impiedosamente fatal. Atende pelo nome de auto-censura. Não há antídoto conhecido. Recomenda-se manter distância.

EXERCÍCIO

Escreva com imagens a palavra 'céu'.

Escreva com imagens sua gota d'água.

19
Desenhe Palavras

ARGUMENTO

Desenhar palavras é um artifício muito bom de ser usado quando queremos, por exemplo, associar emoções um pouco mais explícitas aos produtos que anunciamos.

Evidentemente, é um princípio muito parecido com o do capítulo anterior, só que às avessas.

A palavra Manhattan já foi desenhada com silhuetas de edifícios. As variadas posições possíveis da mão humana criaram muitas palavras (o indicador e o médio, abertos e apontados para baixo fazem um A, para cima, um V; mão espalmada com o dedão aberto faz um L; um dedo sozinho é um I). Uma fatia de melancia faz um C, e o melão ao seu lado faz um O; uma carambola cortada transversalmente faz um asterisco. Uma serpente faz um S (uma salsicha da Sadia também faz), da mesma forma que o focinho de um rinoceronte pode ser um K, tanto quanto uma girafa faz um h. Duas montanhas, lado a lado, podem perfeitamente fazer o papel do M, com que se inicia exatamente a palavra... montanha! Se o Sol – que é uma letra O – estiver nascendo bem ao lado, já temos **MO**ntanha.

Goethe: 'Se alguém quiser escrever com clareza, que o seja primeiro em seus pensamentos.'

Daí, você se liga no mundo e percebe que de tudo que existe podemos desenhar letras, com as quais desenhamos as palavras de que precisamos. Este é um recurso criativo que, quando usado cuidadosamente, sempre dá os melhores resultados.

EXEMPLO

De 1, 2, 3, 4, 5 e R presentes nas alavancas de câmbio dos automóveis extraiu-se uma exclamação de alegria e emoção para um anúncio de automóvel BMW. O criativo usou um elemento que temos constante e literalmente à mão para desenhar uma palavra (no caso, interjeição de entusiasmo) e conseguir excelente resultado.

O texto diz: Ah! Nada é tão legal quanto uma transmissão manual. É por isso que oferecemos 11 modelos com esse equipamento. Todos com a capacidade de deixar você sem palavras. O máximo para dirigir. É muito mais que um *slogan*.

De quebra, o 'título' YEEE-HA induziu o leitor a pensar nas seis marchas do carro, e ampliou a noção de velocidade e esportividade que se pretende associar ao produto.

Desenhe Palavras 91

EXERCÍCIO

Desenhe palavras para um anúncio de uma linha de eletrodomésticos para cozinha (fogão, forno de micro-ondas, liquidificador, batedeira).

Desenhe a expressão gota d'água.

20
Uma Ideia, Muitas Expressões

ARGUMENTO

Certamente você já notou que religiões diferentes expressam diferentemente ideias como paraíso, devoção e virtude. O paraíso cristão é um éden, um mar de tranquilidade e pureza eternas (depois de uns mil anos só ouvindo anjos cantar e sem fazer nada de muito estimulante, acho que esse paraíso começa a ficar meio chato); já o paraíso muçulmano – a julgar pelo que a imprensa nos apresenta quando os fanáticos homens-bomba se explodem por aí – deve ser o máximo, com exatamente setenta e duas mulheres à sua disposição, meu caro (só não sei se as mulheres, ao morrerem, terão direito a setenta e dois homens!). Que beleza! Hieronymus Bosch pintou uma tela – ou mais exatamente um tríptico – chamada 'O jardim das delícias'. Certamente, se referia ao paraíso muçulmano.

Se dermos uma olhadinha atenta nos demais paraísos das demais religiões do planeta, encontraremos as mais variadas maneiras de dizer a você: seja um bom sujeito em vida que, ao morrer, você ganha esta ou aquela recompensa. Algo como as promoções de venda.

Bem, o fato é que, pelo exemplo aí exposto, fica fácil a gente entender como uma mesma ideia pode ser expressa das mais inimagináveis formas. Positivas ou negativas, sentimentais ou racionais, alegres ou tristes, enfadonhas ou excitantes, impositivas ou argumentativas, previsíveis ou surpreendentes.

Esta é uma das virtudes que mais se espera de um redator publicitário: criar um imenso leque de opções de abordagens de venda para uma mesma ideia de produto.

Uma Ideia, Muitas Expressões 93

Talvez seja o exercício mais difícil do seu dia-a-dia. Mas para seu bem e do seu trabalho, você não pode abrir mão desta prática por nem um dia sequer, e para nem um *job* sequer.

EXEMPLO

A ideia é: fumar faz mal à saúde. Quantas associações você é capaz de fazer sobre o tema? Creio que muitas.

Como simples exercício, eu e o Newton Cesar fizemos algumas a partir daquelas mensagens que, por obrigação legal, deve-se fazer constar dos maços (carteiras) de cigarros e de toda a Propaganda relacionada:

- A NICOTINA É DROGA E CAUSA DEPENDÊNCIA. Associamos a ideia da punição de cadeia às drogas ilícitas e a estendemos ao cigarro, por mostrar cigarros no papel das grades que prendem o fumante (ao vício).

Não só é incrível, mas inteiramente inaceitável como toda esta tecnologia & informática do terceiro milênio, com seus softwares avançadíssimos e editores de texto com recursos estonteantes não conseguem fazer uma coisa tão simples e banal pelos redatores: pensar. Que coisa, não?

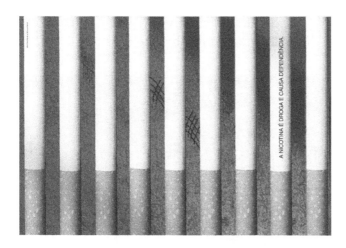

- O CIGARRO PROVOCA ENFARTO. Dois cigarros formam um coração sobre a imagem radiográfica de um tórax; um deles tem uma mancha vermelha, indicativa de enfarto. No título, a palavra enfarto está obviamente em vermelho.

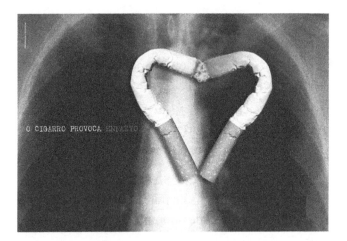

- FUMAR CAUSA IMPOTÊNCIA SEXUAL. Cigarro 'mole', por associação óbvia. Título apontando igualmente para baixo.

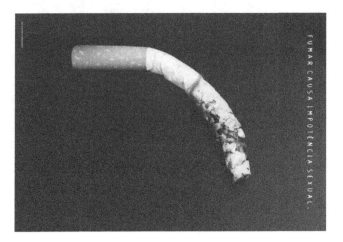

- CRIANÇAS COMEÇAM A FUMAR AO VER OS ADULTOS FUMANDO. Um cigarro aceso desenhado pelas mãos de uma criança, com um cigarro de verdade junto aos lápis de cor. Detalhe: para conseguir mais realismo, deixei o desenho por conta do meu filho Miguel, então com seis anos de idade.

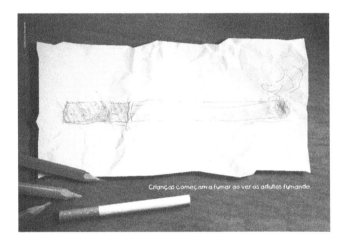

Sem dúvida, se procurássemos mais, encontraríamos muitas outras associações possíveis para a ideia. Observe bem e verá que este artifício é mais comum do que imagina a vã filosofia do shakespeariano Hamlet, aquele sujeito que é amigão do Horácio, e cujos tio e mãe (do Hamlet, não do Horácio) eram uns tremendos sacanas. Coitado do pai dele, né? Morreu sem desconfiar de nada, o bobinho. Aliás, teve ainda aquele lance da caveira do Yorick, que sempre me faz lembrar de um programa na TV sobre detetives médicos, do Discovery Channel, uns caras especializados em investigações científicas e técnicas forenses para desvendar os crimes mais difíceis ... epa!, desculpe, acho que me empolguei e já estou exagerando nas muitas expressões e associações que nascem de uma única ideia.

Você está ABSOLUTAMENTE CONVICTO de que este seu texto é o melhor que você é capaz de escrever?

EXERCÍCIO

Use os mesmos alertas impressos nas embalagens de cigarros e faça novas associações, como as apresentadas no exemplo.

> Pense em pelo menos dez diferentes expressões para demonstrar a ideia 'gota d'água'.

21
Seduza

ARGUMENTO

Sedução é arrebatamento. São palavras sinônimas.

Seduzir é inebriar, tirar o fôlego, deixar o outro sem ação diante de tamanho encantamento. Este é um dos principais recursos a que a Propaganda do mundo inteiro recorre com bastante frequência.

Textos assim podem, em princípio, ser feitos para qualquer categoria de produtos, dependendo só do semancol de quem os faz, porque seria um tanto estranho um apelo à sedução em anúncio de parafusos veiculado em alguma revista técnica de engenharia (ah, não esqueça de que textos sedutores não têm obrigatoriamente caráter sensual).

Ao escrever um texto sedutor você, redator, é quem deve ser o primeiro sonhador.

Deixe-se levar pelos encantos do produto, apaixone-se por ele, creia firmemente que aquele é o melhor produto que qualquer pessoa ao longo de toda a história da humanidade jamais foi capaz de conceber. Isso ao menos o ajuda a encontrar um bom caminho inicial, quando não faz brotar o texto inteirinho de uma só vez. Hipnotize-se primeiro se quiser se meter a hipnotizar alguém.

Que texto você escreveria se não tivesse receio de escrevê-lo?

Lembre-se de que, nesses casos, o texto não deve estar nem um pouquinho dissociado do clima da imagem, sob pena de ver nascer um monstrinho do Dr.

Frankenstein. Anúncio de caráter sedutor sempre fica bonito, mas exige cuidado redobrado.

EXEMPLO

Os anúncios de cuecas aqui reproduzidos foram criados por mim e pelo Newton Cesar para uma concorrência (como não vencemos, o nome do cliente foi apagado). No caso, por se tratar de roupas íntimas, chutamos descaradamente o balde e partimos para a sedução *ipsis litteris*. Note que, embora falemos com mulheres, os anúncios são dirigidos a homens! A ideia subliminar é 'olha aí, rapaz! Olha só que mulherão esta cueca ajuda você conquistar'. Da mesma forma, daria para fazer um anúncio de *lingerie*, dirigido evidentemente às mulheres, com, por exemplo, uma foto em *close* de um sujeito tremendamente bonito, escondendo parcialmente o rosto, demonstrando um leve sorriso e olhando furtivamente por entre os dedos. Só essa foto e o produto, no anúncio. Mais nada. Mensagem subliminar: 'menina, veja só o gatão que está de olho em toda essa sensualidade que você esconde aí!'

Observe que anúncios de *lingerie* (já que falamos deles) via de regra mostram mulheres gostosas (modelos) apresentando o produto para outras mulheres (compradoras) não necessariamente tão gostosas quanto as primeiras.

E aí? Como é que fica? Você acha, leitor, que a sra. Target acredita mais em:

a) que a tal marca de *lingerie* vai fazer com que ela imagine se parecer com a modelo (é um processo de projeção psicológica, defendido por muitos publicitários), ou

b) que a tal marca de *lingerie* simplesmente a deixa bem mais conquistadora, por si mesma, sem necessariamente se projetar em outra pessoa?

(Eu acredito mais na opção b. Por isso, vou dar um homem maravilhoso para esta mulher conquistar – ou ser conquistada por – em seus sonhos.)

Finalmente, o *slogan* de duplo sentido 'Ninguém resiste à beleza interior' não pertencia ao anunciante e também foi criado para a concorrência. É uma conclusão óbvia da mensagem, do espírito do anúncio.

O Artesão

EXERCÍCIO

Sem apelar para erotismo ou sensualidade, seduza uma mulher (ou homem) a comprar o *jeans* que seu cliente fabrica.

> Pense em como você seduziria alguém com sua gota d'água.

22
Argumente

ARGUMENTO

Argumentação é convencimento.

(sua vez)

Tente convencer-me do contrário.

(sua vez)

Viu? Eu argumentei daqui e você, creio, argumentou daí. Prevalecerá o mais contundente, e este argumento dificilmente será derrubado, mesmo com o passar de um bom tempo.

Preste atenção no que a Propaganda diz por aí e você verá que muitos daqueles anúncios que você considerou 'duca' trazem fortes argumentos implícitos ou explícitos.

Se você é muito jovem e não chegou a ver na TV os comerciais antológicos dos biscoitos Tostines, ao menos certamente já ouviu alguém perguntando se 'Tostines vende mais porque é fresquinho ou é fresquinho porque vende mais?' e, depois, provocando: 'Descubra o segredo de Tostines'.

Esta pergunta genial, criada por Ênio Mainardi, encerra implicitamente um argumento indiscutível ao qual todos nós nos rendemos, porque não há consumidor que não saiba da importância do giro rápido de estoque como elemento de garantia extra de qualidade em produtos alimentícios, e não há

O bom texto publicitário é, acima de tudo, um texto vendedor.

Edwin Schlossberg: 'A técnica de escrever significa criar um contexto no qual outras pessoas possam pensar.'

também quem não saiba que o que é gostoso vende mais, e se vende mais tem reposição mais rápida e, portanto, tem a garantia de que vai estar sempre fresco, e alimentos frescos sempre são melhores, atraem mais consumidores – não é mesmo? – até porque... ora, tente resistir a um argumento assim!

EXEMPLO

No final dos anos 80, salvo engano meu, a Fallon-McElligott veiculou alguns anúncios inesquecíveis no quesito argumento (tanto é verdade que não me esqueci deles) para seu cliente Igreja Episcopal.

Um deles trazia a imagem de Jesus Cristo e o outro a imagem de um cálice cheio de hóstias. Na assinatura, o logo da Igreja, telefone e horários de cultos. Respectivamente, eis os títulos:

Se você pensa que a igreja é só para famílias, lembre-se que Jesus era solteiro.

e

Que outra refeição o alimenta por uma semana?

É mole, meu irmão?

Considerando que, passados uns vinte anos eu, que nem sou religioso, lembrei-me perfeitamente deles, imagino que devam ter sido anúncios de excelentes resultados junto ao sr. Target. O que, aliás, não é de estranhar, porque parcelas importantes e duradouras do conhecimento humano, como a Filosofia e o Direito, sobrevivem ao tempo graças apenas à força dos argumentos em que estão alicerçadas.

Que dirá um anúncio! Desde, é claro, que contenha um argumento da melhor qualidade.

Veja também este anúncio criado pela agência Saatchi & Saatchi, de Londres, que argumenta contra a 'pequena letalidade' dos revólveres calibre .22, e usa a imagem do ex-senador norte-americano Robert Kennedy, morto por uma destas armas. Título genial: 'Se um revólver calibre .22 é menos mortal, por que ele não está menos morto?'

E mais, para a mesma causa, com título de igual poder de argumentação, porém, neste caso, necessitando um pouco mais do apoio da imagem (no caso, uma cova funerária): 'Um revólver calibre .22 faz um buraco do mesmo tamanho que um magnum.'

Argumentos sólidos, no entanto, não são sempre fáceis de se obter ou construir. Exige-se, para isso, ótimo conhecimento da causa em questão (como fazem os melhores advogados), o que, no caso da redação publicitária atende pelo nome de informação constantemente alimentada, e que se dá, como vimos, primeiramente pelo desenvolvimento do hábito da leitura, continuando por um profundo interesse pela natureza daquilo que se vai anunciar. A propósito, veja o exercício a seguir.

EXERCÍCIO

Extraia o argumento fundamental deste texto:

'Sem o amor pátrio, não teriam Duílio, Atílio e Metelo libertado Roma do terror de Cartago; sem ele, não teriam os dois Cipiões apagado o incêndio da segunda guerra púnica, e, quando seu incremento foi ainda maior, não o teria debilitado Quinto Máximo, nem extinguido M. Marcelo, nem impelido P. Africano às próprias muralhas inimigas. Certamente a Catão, homem desconhecido, de quem, não obstante, todos os que estudam as mesmas verdades invejam a glória que alcançou com sua virtude e trabalho, pode ser lícito deleitar-se ociosamente no saudável e próximo sítio de Túsculo. Mas, o homem veemente prefere, embora seja chamado de louco e a necessidade não o obrigue, arrostar as tempestades públicas entre suas ondas, até sucumbir decrépito, a viver no ócio prazenteiro e na tranquilidade. Deixo de nomear os inúmeros varões que salvaram a República, e passo em silêncio aqueles de que se conserva recente memória, temeroso de suscitar queixas com a omissão de algum. Afirmarei, sim, que tamanha é a necessidade de virtude que o gênero humano experimenta por natureza, tão grande o amor à defesa da saúde comum, que essa força triunfa sempre sobre o ócio e a voluptuosidade.

Caio Túlio Cícero, Da República, Livro I.'

Crie um anúncio para o Exército Brasileiro, chamando os jovens para o alistamento, em linguagem atual e relacionado com o texto de Cícero (embora o autor romano comece falando em amor pátrio, por favor, fuja à tentação da pieguice! Sugiro também que você estude ao menos um pouco o que, e quem foram as Guerras Púnicas, Cartago, Aníbal e seu irmão Asdrúbal).

> Pense com qual argumento inesquecível você anunciaria sua gota d'água.

23
Surpreenda

Roy Williams nos ensina que há dois níveis de memória: o elétrico e o químico. A memória 'elétrica' é a de curto prazo, aquela que nos permite esquecer amanhã a maioria das coisas que vimos hoje; a 'química' é a de longo prazo. Graças a ela nos lembramos de fatos que vão de ontem até nossa infância. A repetição, em Propaganda, busca colocar a mensagem do produto na memória química do maior número possível de pessoas. É raro, mas às vezes acontece; concluo que é a isto que normalmente chamamos de sucesso histórico de Propaganda.

ARGUMENTO

A surpresa é um ingrediente dos mais usados pela Propaganda mundial. Agências e anunciantes de todos os países valem-se assiduamente deste elemento para tentar extrair o máximo de retorno de seu investimento publicitário, vulgo *recall*, pela via da fixação/expansão do *share of mind*, isto é, tentar garantir que o produto ocupe uma parcela razoável da memória do sr. Target por muito tempo.

Claro que a ideia é tentar surpreender em anúncios para todas as mídias, mas este é um artifício muito usado particularmente na criação de comerciais de televisão e cinema, pela geração de tensão e alívio de tensão, isto é, criando-se um clima, uma expectativa de que a historieta deverá terminar de modo esperado, previsível, quando, na verdade, tem um final surpreendente. A revelação de que o final do comercial não é aquele que o sr. Target esperava é o chamado alívio de tensão.

Cuidado: um perigo muito frequente que se deve evitar, no entanto, é conseguir fazer um comercial daqueles que chamam demais a atenção por si mesmos, são um sucesso popular, mas cujo produto anunciado ninguém é capaz de lembrar.

De qualquer modo, sempre que você conseguir surpreender positivamente o sr. Target, e associar esta surpresa a um benefício do produto anunciado, terá marcado um ponto a seu favor.

Você também pode surpreender pela mídia. No final dos anos 1980, eu e o Aramis, diretor de arte, criamos uma pequena campanha para vender a crença de nossa agência de que crise na economia se vence pelo esforço. Esta campanha era composta de uma série de mais de uma dezena de anúncios enviados semanalmente por fax aos clientes atuais e *prospects* da agência. À época, a mídia fax era de um ineditismo fantástico, e se revelou surpreendente, como os resultados demonstraram. Apenas para matar a curiosidade, reproduzo um dos anúncios, muito argumentativo, que dizia:

Uma jogada e tanto, quando bem executada, é a criação de teasers, *peças que estimulam a curiosidade do sr. Target mas não contam do que se trata, até que chegue o momento certo. 'Como extrair a polpa de um tomate com uma tesoura?' perguntava, certa vez, um* teaser. *Alguns dias depois, aconteceu o lançamento das embalagens Tetra-Pak, com o argumento de que preservavam o frescor dos alimentos. A campanha então mostrava às donas-de-casa que para obter a polpa fresquinha do tomate bastaria cortar o cantinho da embalagem com uma tesoura. Estava resolvido o enigma.*

Sinhôro sabe a última do brasirêro?

Longe de tudo. Quase sem território. Zero em recursos naturais. Superpopulação. Um idioma que só eles entendem. Duas bombas atômicas na cabeça.
Segunda potência econômica do planeta. O Japão tem ótimos motivos para rir quando a gente se queixa de crise.
Trabalhando duro, a gente tira esse risinho da cara deles.

complan
PROPAGANDA, COMUNICAÇÃO & PLANEJAMENTO
Esse Compran é garantida, né?
Rua Conselheiro Araújo, 426
Tel. (041) 262-3231
Fax (041) 262-1364

EXEMPLO

A agência McCann-Erickson fez, para a linha de impressoras de seu cliente HP – Hewlett-Packard, um anúncio de revista valendo-se daqueles jogos dos sete erros normalmente publicados em suplementos infantis de jornais, e demais edições do gênero.

Esses jogos dos sete erros, como se sabe, trazem duas imagens muitíssimo semelhantes, e tem-se que descobrir as sete diferenças mínimas que elas apresentam entre si.

O título do anúncio é: 'JOGO DOS SETE ERROS. Ache os sete erros e, depois, confira no pé da imagem a resposta certa'.

Logo abaixo das duas imagens iguais (um desenho de crianças atravessando a rua), há a resposta: 'Com as impressoras HP, não tem erro: as cópias saem todas iguais'.

Veja ainda artigo 'O comportamento do sr. Target diante dos meios de comunicação' no apêndice de Propaganda É Isso Aí!, e o capítulo Mídia.

Detalhe: não existem erros nas imagens, elas são absolutamente iguais. O leitor deste anúncio certamente terá sido surpreendido com a informação de que a qualidade do produto anunciado evitou a existência de erros entre duas cópias de uma mesma imagem. O anunciante se beneficiou não só por haver prendido a atenção, como também pela mensagem de qualidade que conseguiu passar de modo a surpreender seu público-alvo.

EXERCÍCIO

A Plofts Softs, empresa (fictícia) de *softwares*, lançou o Vida Total, produto que promete completa automação doméstica. Este novo *software* integra desde o gerenciamento da temperatura da geladeira até sua conta bancária. Em suma, tudo o que você faz na sua vida pessoal e familiar pode ser deixado a cargo deste revolucionário produto.

Crie um comercial para televisão, surpreendente, de um minuto de duração e outro de trinta segundos (ver também Capítulo 32).

Pense no que poderá haver de surpreendente em uma gota d'água e transforme isso num anúncio de revista.

24
Dialogue

ARGUMENTO

Dialogar, em Propaganda, a rigor, é o mesmo que vimos no Capítulo 21, Argumente, porém com texto mais explícito, que busca, obviamente, ainda maior proximidade com o sr. Target, que o faça imaginar estar de fato conversando com você (porque você conseguiu passar-lhe a impressão de que é todo ouvidos). Aliás, eu comecei o capítulo citado dialogando com você, notou?

A diferença fundamental entre uma coisa e outra são as vozes e expressões de comando.

Quando um anúncio diz 'Vamos lá, essa é a sua vez de ser feliz...' ou 'E aí, acreditou agora como o produto é bom?' e demais coisas desse gênero, está tentando abrir um diálogo imaginário, esperando que o sr. Target responda, igualmente pela imaginação, algo como 'É, você está certo! Eu mereço ser feliz...' ou 'Com toda certeza, o produto é ótimo!'

O segredo da coisa é: alguém, pela via do anúncio, coloca-se no papel de amigo e conselheiro do sr. Target. Pessoas confiam em seus amigos e conselheiros.

Por isso, seja direto no que você tem a dizer. Sem excesso de rodeios, mas com muito, muito cuidado para não correr o risco de pisar nos calos de quem quer que seja.

'Você' é uma palavra mágica. Use-a à vontade. Inclusive, pra se livrar daquela chateação de forma de tratamento masculino/feminina que tanto nos aborrece a nós, redatores. 'Você' acerta o sr. Target em cheio (e nos livra de encrencas na hora de dirigirmos o texto simultaneamente a homens e mulheres).

O diálogo, em Propaganda, é um diálogo de mentirinha, um jogo de cartas marcadas, onde a resposta já é mais do que conhecida. Você, redator, não dá espaço para o inesperado (ainda mais neste país, onde não se perde uma chance de sacanear seja lá quem ou o que for). Você apenas cria o ambiente ideal para que a resposta esperada flua naturalmente.

EXEMPLO

Veja este texto vendendo, pelo 'diálogo', um apartamento de alto padrão em Curitiba, numa época inflacionária e de muitas incertezas sobre quais seriam os melhores investimentos disponíveis. O cliente queria que o sr. Target parasse de especular com o dinheiro e o investisse, é claro, em seu produto.

Foi criada uma série de malas diretas com as mais diferentes abordagens e com os mais variados argumentos 'provando' que imóvel era um investimento sempre melhor do que ouro, dólar, bolsa de valores, caderneta de poupança etc. Convém informar que este anunciante havia desenvolvido uma incrível base de dados sobre sua clientela, sabendo exatamente a quem dirigir ou não as malas diretas.

O texto da peça aqui reproduzida, e que 'amarrava' todas as anteriores, resumindo o leque de opções à expressão corriqueira 'ciranda financeira', foi um diálogo:

SAIA DA CIRANDA FINANCEIRA. E INVISTA NA CIRANDA CIRANDINHA.

Tente explicar aos seus filhos que investir na ciranda financeira tem esta ou aquela vantagem.

Ele vão dar a meia-volta.

Agora diga que você vai fazer um investimento programado no Edifício Colina Piemonte. Um apartamento amplo, ensolarado, com quatro suítes e muito confortável. Pertinho do verde e do lazer do parque Barigui.

Volta e meia eles vão dar. Rodopiando de alegria.

Notou que não foi deixada nenhuma margem para resposta outra que não aquela que queríamos obter, isto é, que tentar explicar investimentos financeiros para crianças é inútil?

Depois, ao sugerir que o sr. Target apresentasse o produto à sua família, ainda mais por ser perto do Parque Barigui (lugar maravilhoso), não haveria mesmo outra reação imaginável. Quem conhece o local sabe que dificilmente a resposta não seria de enorme agrado pela escolha.

EXERCÍCIO

Pegue um anúncio qualquer de microcomputador. Crie para o produto escolhido um anúncio de revista, dialogando com o sr. Target acerca das vantagens que cada item do produto (HD, memória RAM etc.) oferece. A seguir, dialogando, crie um outro texto para o mesmo produto, desta vez para *spot* de rádio. Depois de tudo feito, compare o resultado com a maioria dos anúncios de microcomputadores que você vê por aí, aqueles cheios de tópicos (um para cada item) e preço em letras grandes de cores berrantes. Aposto uma merreca (Mr$ 1,00) como o anúncio que você criar – dialogando com o sr. Target – ficará bem melhor.

> Como você anunciaria sua gota d'água, dialogando com o sr. Target?

25
Defina uma Imagem com Muitas Palavras

ARGUMENTO

Este talvez seja um bom capítulo para, antes de qualquer outra consideração, deixar claro que não há compartimentos estanques separando esta ou aquela técnica empregada na elaboração de um texto publicitário, isto é, a fronteira entre as diferentes abordagens possíveis em um texto não é delimitada com exatidão, como acontece na geografia.

Definir uma imagem com muitas palavras é um conceito extremamente amplo. Da mesma forma como podemos desenhar uma imagem quase literal com várias palavras (caso da letra E, no poema a seguir), também podemos remeter o leitor a imaginar um objeto ou um ambiente, como é o caso do anúncio com texto diagramado em forma octogonal reproduzido no Capítulo 30, mais adiante. Ou, pela manipulação competente de tipologia, reproduzir uma foto, como é o caso do anúncio do jornal *Folha de S. Paulo*, criado pela agência DM9, onde palavras formam a imagem do piloto Ayrton Senna.

Defina uma Imagem com Muitas Palavras 115

Folha de S. Paulo. Há 77 anos retratando o mundo com palavras.

Isso tudo é desenhar imagens com palavras. O domínio deste 'desenhar imagens com palavras' é requisito fundamental para o redator publicitário.

Então, aqui, a preocupação maior é mostrar a você, leitor, que as palavras devem, no texto publicitário, sempre transcender seu caráter literal e, pela habilidade de quem escreve, gerar as imagens mais ricas e sedutoras possível na mente de quem as lê.

Seja rápido, porém nunca apressado. A pressa passa e a merda fica.

EXEMPLO

Certo dia resolvi, por puro exercício, escrever um texto que tivesse a forma da letra E, de escrever. Cheguei a um pequeno poema, como poderia haver chegado a qualquer outro resultado.

Independentemente de julgamento da qualidade literária, o importante foi conseguir um resultado concreto, algo que me ajudou a enxergar com maior amplitude.

Veja:

E, DE ESCREVER

Pôxa, como é bom escrever à toa!
Rabiscando como quem cavalga
e sente mar
e vento
e areia
e céu
e gente
e mais um polissíndeto sem fim.
O desafio do papel em branco
É o desafio de traçar avanços.
Um rumo,
Destino,
A rota sem
Caminho rotineiro.
E eu vou, escrevendo em frente.
Porque escrevo cavalgando letras,
Escrevo, escrevinhando à toa.

EXERCÍCIO

Faça um anúncio multipaginado sequencial com a mesma técnica do poema E para o cliente ELITE – Agência de Modelos. Na primeira página do anúncio, um texto em forma de E; na segunda, um texto em forma de L, e assim por diante até completar a palavra (e o anúncio, obviamente).

> Pense mais uma vez em como você anunciaria sua gota d'água, definindo uma imagem com muitas palavras.

26
Invente-Tente-Quente

ARGUMENTO

Invente-tente-quente foi a maneira que me pareceu mais óbvia para denominar este capítulo. Porque o assunto são as invenções de palavras e frases, as tentativas de novos usos destas palavras e frases, e, finalmente, do abuso de termos quentes.

A ideia é muito simples: invente novas palavras ou associações de palavras cujo som ou grafia transmitam alguma ideia ligada ao produto ou ao contexto em que ele é empregado ou consumido.

Será ainda melhor se estas palavras ou associações que você inventar tiverem boa dose de sonoridade e ritmo, e se forem 'quentes'.

Onomatopeias são um bom começo. Muitas vezes, o produto tem som próprio ou nos faz pensar em sonoridades associadas, e isto talvez seja a salvação da sua lavoura. Pode ser o 'créc', de um biscoito salgado; o 'chomp', de uma boca cheia; o 'vrummm' de um motor, o 'splash' de um mergulho na piscina...

'Prestobarba da Gillette. A primeira lâmina faz tcham! A segunda faz tchum! E tchã, tchã, tchã, tchã!'

Ou pode-se apenas apelar para a pura e simples sonoridade das palavras, sem associações obrigatórias (ver também Capítulo 28). Caso típico: há mais de cinquenta anos, nossos pais e avós eram bombardeados por mensagens publicitárias como '*Dura lex, sed lex* / No cabelo, só Gumex'. Convém informar que a expressão em latim significa 'A lei é dura, mas é a lei', o que não tem absolutamente coisa alguma a ver com o produto Gumex, um creme abrilhantador para os cabelos. No entanto, o redator viajou na maionese, ou melhor, na brilhantina, e fez deste protótipo ousado de invente-tente-quente um sucesso indiscutível, pois o anunciante – até onde sei – o manteve por muitos anos em sua comunicação.

Em propaganda, ideias quentes causam arrepios deliciosos.

Entendeu?

Os livros infantis e demais produtos do gênero também podem ser uma boa fonte de inspiração. Como tema de um programa infantil de televisão, Raul Seixas cantava 'plunct, plact, zuum!, pode partir sem problema algum'.

Muitos produtos podem se beneficiar deste princípio de inventar sonoridades infantis ou de aproveitar as que estão consagradas na boca do povo.

A poesia, com sua métrica, suas rimas e seus neologismos também é outro poço ótimo de beber. Aliás, neste sentido, e já que falamos de comunicação, Carlos Drummond de Andrade nos presenteou, no livro *As impurezas do branco*, com o poema *Ao Deus Kom Unik Assão*, cujos primeiros versos dizem:

'Eis-me prostrado a vossos peses
Que sendo tantos, todo plural é pouco
Deglutindo gratamente vossas fezes
Vai-se tornando são quem era louco'

Além do mérito de nos fazer pensar um pouco mais detidamente sobre nossa profissão e nossas responsabilidades, estes versos trazem, por exemplo, a palavra peses, como plural de pé. Com todo carinho e respeito ao poeta, seu neologismo 'peses' talvez se encaixe muito bem num anúncio divertido, um anúncio invente-tente-quente de produto voltado aos pés (sapatos, meias, talcos etc.).

Quer escrever bem? Em lugar de uma caneta, comece por um balde. E chute-o.

Dica: se você resolver lançar mão da poesia, saiba que os versos agudos sempre caem bem, são melhores de se memorizar, mas não faça versalhadas! Versos agudos são os que terminam em palavra oxítona ou monossílabo tônico, como a maioria dos versos infantis; versalhadas são os versos malfeitos.

Apele para o lúdico, para o espírito de criança que todos têm. Brinque à vontade! O invente-tente-quente é ótimo para todos os produtos, particularmente os infantis e os de natureza mais informal.

EXEMPLO

Kolynos. AH!

Um clássico. Lembra-se desta campanha de creme dental? Foram longos anos no ar, mostrando que o benefício maior do produto era a refrescância; tudo sobre um produto foi transmitido por apenas um AH! (e demais imagens associadas ao conceito, como mergulhos no mar, em piscinas etc.). O coral do *jingle* cantava AH! No rádio e na TV. Os leiautes de revista, jornal e *outdoor* traziam sempre um imenso AH! estampado, roubando a página.

Acho que ninguém duvida que um simples AH! tenha sido o principal responsável por manter o produto Kolynos na liderança do mercado de cremes dentais por tanto tempo (prova disso é que a marca Sorriso, sucessora de Kolynos, volta a apresentar comerciais 'refrescantes', com o clássico *slogan* AH!).

EXERCÍCIO

Seu produto é uma linha de sofás superconfortáveis. Crie um comercial de televisão usando exclusivamente o invente-tente-quente.

De acordo com este capítulo, pense mais uma vez em como você anunciaria sua gota d'água.

27
Anacoluto Bem-Temperado

ARGUMENTO

Anacoluto é uma figura de linguagem que se define pela mudança repentina, abrupta, da ordem lógica da frase.

Veja este exemplo extraído do poema Testamento, de Manuel Bandeira:

'Quis-me desde eu menino
Para arquiteto meu pai,
Foi-se-me um dia a saúde,
Fiz-me arquiteto? Não pude.
Sou poeta menor, perdoai.'

Os dois primeiros versos são puro anacoluto. Neles, o que se diz é que 'desde que eu era menino, meu pai quis que eu fosse arquiteto'.

O anacoluto é uma jogada que você pode usar quando tiver que fazer um anúncio, digamos, mais poético. Porque inverter a ordem lógica das palavras ajuda a enganar bem (enganar, no bom sentido, por favor) quando temos à frente, por exemplo, um *job* para uma entidade de preservação das matas, dos animaizinhos e dos passarinhos, e todas essas coisas ecológicas.

Serve também, e muito bem, como adjutório para as criações voltadas a trabalhos institucionais de empresas e/ou os de apelo politicamente corretos, particularmente onde não se tenha lá muita coisa interessante a dizer (isso é mais comum do que você pensa).

EXEMPLO

Imagine um filme em que a câmara cinematográfica percorre o interior de uma floresta, toca as folhas respingadas de chuva, enquadra a fauna e a flora vivíssimas. No BG (*background*, isto é, som de fundo; ver Capítulo 32), aquela trilha sonora melodiosa e maravilhosa. Em *off* (só a voz), um locutorzão daqueles declama um poema (que você criou, é claro):

> D'água, vejo a gota,
> Da gota, sei a queda
> À terra, de que vieste.
> Retorna, traspassa a folha,
> Evapora, sobe ao céu,
> E volta em gota. D'água.

Aí, o locutor muda o tom de voz (ou entra outro locutor, como você preferir) para dizer: 'Mineradora Plofts! Investimentos constantes preservam os ciclos da natureza'.

Morou na filosofia? A Mineradora Plofts fez um filme limpa-barra, politicamente correto, que poderá ser usado em qualquer ocasião, com o propósito de vender a imagem de que se trata de empresa preocupada com o ambiente e mais alguns blá, blá, blás do gênero.

EXERCÍCIO

Seu *job* é claro: com os princípios aqui expostos, você deve criar um filme para uma entidade de preservação ambiental, a Help do Mato, 'detonando' a campanha 'mentirosa' da Mineradora Plofts.

De acordo com este capítulo, anuncie sua gota d'água.

28
Escreva como Quem Faz Música

ARGUMENTO

Estudos médicos, mais especificamente os da neurofisiologia, comprovaram que nossa capacidade de memorizar sons e tudo a eles relacionado (ritmo, compassos etc.) é muito maior que a capacidade de retenção de imagens. Dá-se a estas capacidades diferentes os nomes de retenção ecoica (para os sons; palavra derivada de eco) e retenção icônica (para as imagens; palavra derivada de ícone).

Fácil comprovar isso. Pergunte à maioria das pessoas do que elas se lembram mais: do *jingle* de uma determinada campanha ou de qualquer peça gráfica (anúncio, *outdoor* etc.) dessa mesma campanha? Portanto, você pode começar a desconfiar que convém, de vez em quando, tamborilar seu teclado de computador como se fosse um teclado de piano, isto é, pensar na hipótese de fazer um texto 'musical'.

Veja, você não precisa de talento musical inato para escrever, porque não vai compor nenhuma sinfonia publicitária. Ninguém espera que exista um Mozart em você. O que quero dizer com isso é que pontuação, escolha de palavras, arquitetura das frases, eventuais rimas etc., tudo isso faz o tal texto ser 'musical', o que ajuda bastante na fluidez da leitura e na memorização da mensagem.

Um esforço de persuasão será bem-sucedido na razão direta da facilidade de memorização da mensagem.

Veja o *slogan* da Volkswagen: Você conhece, você confia. É muito musical, porque podemos, em tese, resumi-lo a compassos 2 por 4 (peça a um estudante de música para explicar-lhe isso), algo como pá-pá/pá-pá, você-conhece/você-confia.

Nota: em métrica poética, normalmente contam-se as sílabas de um verso eliminando a primeira e a última. Assim, 'musicalmente' e para fins de melhor retenção ecóica, o *slogan* ficaria resumido a algo como ...cê-conhé.../...cê-confí...

Muito mais fácil de memorizar do que, por hipótese, 'Você conhece bem, você confia'.

Além do mais, você também vai precisar, um pouco que seja, deste espírito de musicalidade principalmente quando resolver criar para rádio e TV. Porque a palavra falada se comporta diferentemente da palavra escrita, além de que, em rádio e TV, quase sempre haverá uma trilha sonora de fundo (é verdade que os maestros e 'trilheiros' fazem muito do trabalho final – às vezes, fazem todo o trabalho –, mas o ideal é que a criação, mesmo que ainda grosseira, sem acabamento musical, seja sua).

Então, quando você achar que dá pé, pense musicalmente em seus textos, mesmo que eles só venham a ser veiculados em mídias impressas. Dê ao sr. Target sempre uma oportunidade a mais de memorizar sua mensagem!

EXEMPLO

O McDonald's veiculou por muito tempo o já clássico *jingle* do Big Mac: 'Dois hamburgers, alface, queijo, molho especial, cebola, picles, num pão com gergelim'. Embora, mais tarde, seus autores tivessem de corrigir uma pequena gafe gramatical (o plural de hambúrguer, em português, é hambúrgueres), o poder de memorização desta peça é inegável, a ponto de haver, nos pontos-de-venda, *banners* com a reprodução da letra. Tenho certeza de que, ao ler os versinhos do *jingle*, você lembrou da melodia.

Pergunte a qualquer pessoa nascida até o início da década de 1960 o que significam os versos 'Já é hora de dormir / Não espere mamãe mandar / Um bom sono pra você / E um alegre despertar'.

EXERCÍCIO

Faça textos 'musicais' de anúncios de mídia impressa para os seguintes produtos: um *software* de gerenciamento financeiro para uso doméstico, um novo tipo de gasolina (menos poluente) e uma loja de presentes e utilidades domésticas.

Depois, escreva as demais versões para *jingle* de rádio/trilha de filme de TV.

Anuncie sua gota d'água com um texto 'musical', compassado, ritmado. Se der, crie também a melodia correspondente.

29
Faça um Texto Curto

ARGUMENTO

Há quem insista que o bom texto publicitário é o texto curto, sob o argumento de que pessoas em geral têm cada vez menos tempo e/ou menor interesse por longas leituras, particularmente quando se trata de Propaganda. Esses lutadores pela causa dos textos curtos normalmente argumentam que o comportamento anti-literário é sintoma de uma época, de uma geração etc.

Como ser pensante, não posso aceitar generalizações de pessoas; como publicitário, minha experiência também me impede de acreditar em generalizações de público-alvo, o que, por si só, seria um argumento forte o suficiente para derrubar as conspirações desta ditadura do texto curto que quer tomar o poder da nação publicitária (em *Propaganda É Isso Aí! Volume 2*, defendo um pouco mais detalhadamente estes pontos de vista).

De início, convido-o a ler com calma o capítulo seguinte a este, cujo assunto é exatamente o oposto, o texto longo.

Mas o texto curto tem, é claro, méritos indiscutíveis. É objetivo, normalmente tem muita força e – óbvio! – é perfeito para aqueles meios de comunicação cuja natureza requeira imediatismo na transmissão da mensagem (*outdoors*, painéis, rádio e TV em alguns casos etc.). Texto curto é a essência, tem o espírito de síntese que tanto procuramos diariamente na Propaganda, esta nossa nobre arte do convencimento mercantil. É pá e bola!

Voltaire: 'escrever é a arte de cortar palavras'.

Veja, eu falo do espírito de síntese, no sentido de se chegar à ideia fundamental para a elaboração de um anúncio ou de uma campanha inteira. Neste caso, quanto mais curto o texto, tanto melhor. Ao menos para você começar a trabalhar sua campanha.

No dia-a-dia, sabe-se que, se conseguirmos chegar a um grande *outdoor*, já teremos em mãos tudo de realmente precioso como ponto de partida para que a campanha toda se mostre um ótimo trabalho e dê um ótimo resultado final.

Nunca se esqueça desta dica que vale um milhão de euros: conseguindo criar um *outdoor* nota dez, mesmo sem saber você já terá criado uma campanha nota dez (é fácil entender por quê. Considerando que o *outdoor* é a síntese suprema de tudo o que você tem a dizer sobre o produto, todos os demais meios oferecerão espaço de sobra para sua criação 'evoluir na avenida' do anúncio!).

'Escrevi esta carta mais longa porque não tive tempo de fazê-la mais curta.'
Blaise Pascal (1623 – 1662), Cartas Provinciañas, carta 16.

Crie um grande *outdoor* e você terá criado uma grande campanha.

Porém, fazer um texto curto de boa qualidade talvez vá demandar maiores concentração e transpiração de você.

O texto curto exigirá um infindável processo de tentativa e erro, de escolha de boas palavras, da eliminação e análise de palavras ruins que talvez deem margem a novas ideias e de paciência suprema. Neste caso, os redatores de boa bagagem vernacular e etimológica viajarão com mais conforto.

Finalmente, a habilidade para a redação de textos curtos será requisito obrigatório na hora de se pensar em *slogans*, estas pequenas pérolas publicitárias primas do *outdoor*, porque enquanto este último apresenta sinteticamente o tema/argumento da campanha publicitária, o *slogan* o faz pelas virtudes do produto em si mesmo e, principalmente, sua marca. Também não estranhe se encontrar, muitas vezes, um tema-síntese de campanha confundindo-se com *slogan* (fundamental para o sucesso do *slogan* é o planejamento de mídia, pois a repetição bem calculada da mensagem joga o tema lá na memória química de todos nós, e provavelmente não mais o esqueceremos).

Dica: ponto extra para o redator que fizer um slogan inesquecível incorporando o nome do produto ou a marca.

Veja adiante alguns exemplos que mostram que isso é muito mais comum do que se imagina.

EXEMPLO

Vejamos alguns casos de textos curtos que deram margem a grandes campanhas ou que nasceram na forma de *slogans*:

Abra a boca, é Royal.

Abuse, use. C&A.

Axe. A primeira impressão é a que fica.

Bombril tem 1001 utilidades.

Brastemp não tem comparação.

Caninha 51. Uma boa ideia.

Casas Bahia. Dedicação total a você.

Cheetos. É impossível comer um só.

Coca-Cola é isso aí!

Coca-Cola dá mais vida!

Danoninho vale por um bifinho.

Deu duro, tome um Dreher.

Globo e você: tudo a ver.

Legítimas, só Havaianas.

Não esqueça a minha Caloi.

Nescau. Energia que dá gosto.

O importante é que o Estadão funciona.

Põe na Consul.

Quick faz do leite uma alegria.

Se a marca é Cica, bons produtos indica.

Se é Bayer, é bom.

Sempre Coca-Cola.

Tem coisas que só a Philco faz pra você.

Tomou Doril, a dor sumiu.

Você faz maravilhas com Leite Moça.

Vodka Orloff. Eu sou você amanhã.

Volkswagen. Você conhece, você confia.

EXERCÍCIO

1. Escolha uns dez anúncios que você julgue muito bons, que tenham títulos e textos curtos. Encurte-os ainda mais. Crie *slogans* para os respectivos produtos anunciados.

2. Faça uma lista com vinte *slogans* inesquecíveis da Propaganda brasileira. Analise-os.

Crie um *outdoor* e um *slogan* para sua gota d'água.

30
Faça um Texto Longo

ARGUMENTO

O argumento em favor do texto longo é curto: textos longos, se bem escritos e envolventes, prendem o leitor e o expõem por mais tempo ao produto, sua promessa e seus benefícios.

EXEMPLO

Acho que um bom exemplo foi um anúncio que fiz por volta de 1990 para o produto Palais Lac Léman, edifício residencial curitibano, bastante luxuoso e de características únicas.

Eu e o Aramis, diretor de arte, optamos por um anúncio quase *all type* por duas razões: a primeira é que a obra encontrava-se em andamento, não sendo possível fazer boas fotos do local, e as perspectivas ilustradas disponíveis não eram lá muito convincentes; depois, porque o cliente era um vendedor tão bom que acabamos por nos desafiar a nós mesmos (no caso, eu) a criar argumentos de venda igualmente sedutores.

Acompanhe os passos.

Briefing: Fazer um anúncio para edifício de altíssimo luxo, com características verdadeiramente únicas em área nobre de Curitiba, PR. O cliente informou que a proposta do empreendimento era oferecer mais do que simplesmente apartamentos amplos e requintados (custo unitário: aproximadamente US$ 1 milhão, à época). O mote de venda era qualidade de vida dentro e, principalmente, fora do apartamento, pois a concorrência não tinha produto algum com tanta infraestrutura de lazer e espaço externo, algo em torno de 13.000m² de terreno para abrigar uma única torre residencial de vinte e dois andares/apartamentos-tipo.

Além disso, o anúncio deveria bater forte no provável sentimento de culpa que muitos pais ricaços têm por não dedicarem a devida atenção aos filhos (mais tarde, curiosamente, o cliente reportou que um avô milionário, por ler o anúncio, exigiu que seu filho comprasse um dos apartamentos, preocupado que ficou com o bem-estar dos seus netos).

Target: pessoas muito ricas que quisessem morar ainda melhor, 'esnobando' o fato de estar em edifício sem concorrente.

Título:

'Quando eu crescer, eu vou dar um presente pros meus filhos.'

Texto:

'Alô? Papai? Agora quem vai te propor um grande negócio sou eu. Você já garantiu o meu futuro. E que futuro! Quando eu crescer não vai me faltar nada. Obrigado, de coração. Acontece que, às vezes, eu penso que quando eu estiver lá no meu futuro garantido, a minha infância vai estar muito longe aqui no passado. Lógica infantil, entende? É natural eu me preocupar com o dia de hoje, né? Hoje eu fui com a mamãe e a Thaís visitar um lugar sensacional. Sabe o que a mamãe disse quando a gente chegou lá? Que ela descobriu que o lugar que nós moramos deixa muito a desejar. De que adianta luxo só da porta para dentro? Quando vimos o que existe do lado de fora, não acreditamos. A Thaís perguntou o tamanho do terreno: mais de doze mil metros quadrados. Eu sei que ela não sabe quanto é isso, mas já começou a ficar com aquele arzinho de entusiasmo. Você conhece bem a mana. Ela já começou a sonhar com todo aquele espaço para brincar. Quando o moço da construtora falou que vai ter uma 'casa de bonecas' no meio de uma floresta, ela não quis saber de mais nada. Eu sei que a gente já mora bem, muito bem mesmo, pai. Mas para o padrão de adulto. O padrão infantil só precisa de espaço, principalmente do lado de fora. Onde eu possa trocar umas horinhas de televisão por uma correria ao ar livre com outros meninos, ou subir na casa da árvore que também vai ter lá. Já pensou, pai, você chegar em casa e perguntar pro seu Andrezinho aqui: 'cadê meu Tarzan' em vez de 'cadê meu campeão de vídeo-game?' Ia ser mais legal, não ia? Você sabia, papai, que isso é fundamental para o meu desenvolvimento? É, sim! Eu li isso numa revista da mamãe, numa tarde de chuva em que ela não tinha para onde ir. Ah! Falando da mamãe, eu compreendo que ela não pode me levar ao clube sempre quando eu quero. Não ia ser muito mais fácil se para ir até o clube eu só precisasse pegar o elevador? E ficar lá embaixo, na piscina que vai ter vinte e sete metros de comprimento! Na quadra de futebol, na quadra de tênis, na quadra de squash, naquela casa de Tarzan, no salão de jogos, na ciclovia, na rampa de skate, no golf, sei lá... tem tanta coisa lá onde a gente foi! Já pensou? A gente pratica um monte de esportes juntos e, depois, repõe os líquidos. É só abrir qualquer torneira para ter água 'levemente mineralizada' de fonte própria. Que luxo, né, pai? Então, a gente relaxa nas saunas. Tem seca e a vapor com ducha escocesa e banho de imersão. E você pode fazer um churrasco na casa da floresta, no salão das quadras ou no próprio apartamento. E tem mais coisa que você ia gostar. Eu vi dois caminhões da obra entrando e circulando, 'lado a lado', na rampa da garagem. Aí, eu lembrei que você detesta ter que ficar esperando a vez de entrar ou sair da nossa. Lembrei também quando você reclama dessas garagens escuras. A que vimos tem iluminação natural, praça e um hall social próprio. Garagem ensolarada! Já viu isso, paí? É perfeita pro seu carrão importado. Olha, e tem segurança até demais, que é pra vocês não ficarem preocupados. O apartamento, a mamãe vibrava só de ver. Trezentos e sessenta graus de vista lindíssima. Quatro suítes, cinco salas, três terraços, duas lareiras, duas centrais de ar-condicionado... lindo, pai!!! E a mamãe também disse que a qualidade do acabamento ela nunca viu melhor. Ô, pai! Só negócios, negócios... e a vida, quando é que você vai se lembrar dela? Então, papai, quer fazer mais um grande negócio? Vai até lá com tempo, vai. E leva a mamãe pra ver de novo. Tadinha dela, pai! Ela gostou tanto! Tchau. Um beijão.'

Assinatura:
PALAIS LAC LÉMAN
Viver é melhor que morar.
Logotipo + endereço etc.

Notas:

1. Anúncio assumidamente dirigido a pessoas muito ricas.
2. O título é uma provocação ao sr. Target, pois o filho é quem diz que dará um presente a seus filhos, sugerindo que seu próprio pai ainda não o fez.
3. Em função da diagramação, não houve quebras definidas de parágrafos. A ideia era estimular uma leitura que tendesse ao coloquial.
4. Pelo mesmo motivo, algumas vírgulas e preposições foram deliberadamente excluídas (pois crianças tendem a 'disparar a língua' em suas frases).
5. Anúncio executado originalmente em uma cor (preto e branco).
6. Trabalhamos o estereótipo da constituição familiar: papai, mamãe, filho e filha. Quem fala é o filho (mais velho, o varão), em quem os pais executivos

– é o que se imagina – se projetam, e em quem apostam que virá a ter os mesmos talentos profissionais e capacidade de discernimento e decisão.

7. O *slogan* Viver é Melhor que Morar foi derivado de um verso da famosa canção Como Nossos Pais, de Belchior ('viver é melhor que sonhar...'), e sintetiza todo o *briefing*.
8. Veiculado apenas na revista *Veja* Paraná, em formato de página dupla.
9. O diretor de arte, Aramis, decidiu-se, à última hora, pela inclusão de uma fusão de imagens com expressões do protagonista.
10. Eu 'comprei', se não o produto (porque nunca vi tanto dinheiro), ao menos a ideia dele, o que me estimulou a fazer um texto com muito carinho (e até hoje sou um entusiasta daquele edifício).

EXERCÍCIO

Uma agência de viagens conseguiu um feito inédito: criou um pacote turístico para a Europa voltado aos consumidores de baixa renda, gente que jamais sonhou com a possibilidade de conhecer aquele continente. Serão visitados cinco países em quinze dias: Portugal, Espanha, França, Suíça e Itália. Documentação, traslados, hospedagem e alimentação incluídas no pacote. O trecho que vai de Lisboa a Roma é feito por terra, em trens expressos. Transporte aéreo fretado entre Brasil/Portugal (Lisboa) e Itália (Roma)/Brasil.

Com estas informações, crie um nome e um *slogan* para este produto, e faça um anúncio com texto de quinhentas palavras ou mais, para veiculação no primeiro caderno dos jornais populares das principais capitais brasileiras, no formato de página dupla.

Pense mais uma vez em como você anunciaria sua gota d'água com, pelo menos, quatrocentas palavras (o Word conta pra você: selecione o texto, vá ao *menu* Ferramentas e clique em Contar Palavras).

31
Faça o Público-Alvo Sonhar, Remeta-o a um Cenário Incrível

ARGUMENTO

Você já foi ao Tahiti? Provavelmente, não. Mesmo assim, tenho certeza de que você tem em sua cabeça uma imagem tão cristalina daquelas paragens quanto as águas que as circundam.

Então, quero convidar você para um rápido passeio até lá! Esta será uma viagem de contrastes, porque começa a partir de Santiago, no Chile. Para chegar lá, você cruza a cordilheira dos Andes. Da janela do avião, vê aquela imensidão de montanhas incrivelmente altas, recortadas com seus picos eternamente cobertos por uma neve tão branca que dá vontade de estender a mão a tocá-la. Talvez até saborear um pouquinho. É irônico cruzar tantas montanhas de neve para chegar a um paraíso tropical.

No Chile você descobre que é impossível deixar de conhecer Viña Del Mar, uma cidade que se tornará tão inesquecível para você quanto suas águas douradas pelo sol do entardecer no Pacífico. Ao imaginar o que haverá depois da linha do horizonte, você se lembra que seu objetivo são os encantos dos mares do Sul!

E lá vai você, feliz, voando por sobre um oceano infinitamente azul, ansioso pela recepção que o aguarda em Papeete. Será que aquela gente taitiana linda e morena estará à sua espera ao desembarcar? Será que haverá colares de flores para você? Claro que sim! Você está a caminho de um paraíso mágico, ora!

Então, caro leitor, consegui remetê-lo a um cenário incrível? Se sim, fico muito contente, porque eu sonhei de fato enquanto escrevia sobre estes lugares onde jamais estive.

Haverá oportunidades em que você deverá fazer textos apelando para este mundo de sonhos, este mundo onírico. Então, faça-o como quem rege uma sinfonia, com muita 'melodia', isto é, adjetivações, bom gosto e ritmo, muito ritmo; fluir, muito fluir.

Veja este ótimo exemplo. Faz alguns anos, o publicitário norte-americano Roy Williams escreveu o *spot* de rádio reproduzido a seguir para seu cliente Woody Justice, proprietário de relojoaria em pequena cidade no interior dos EUA. Este texto mudou a vida do Sr. Woody. Roy contou-me que, poucos meses após o início da veiculação deste *spot*, não apenas o Sr. Woody multiplicou suas lojas, como a própria Rolex o procurou (ao Roy) pedindo autorização para veiculação mundial da peça (pelo que sei, ele, sabiamente, não autorizou).

É fascinante. E remete o ouvinte a um sonho, a um cenário incrível:

Roy, como locutor: *Você está parado na neve a 8.750 metros acima do nível do mar, olhando fixamente a um horizonte longínquo de centenas de quilômetros. Ocorre-lhe que a vida aqui é muito simples. Você vive ou você morre. Sem meios-termos, sem lamúrias, sem segundas chances. Esse é um local constantemente assolado por ventos e tempestades, onde cada respiração ofegante é um acontecimento. Você observa atentamente do ponto mais alto da terra.* **Essa é a montanha que chamam de "Everest".** *Ontem era considerada inatingível ... Mas isso foi ontem.*

Woody: *À medida que Edmund Hillary observava cuidadosamente o horizonte a partir do pico do monte Everest, monitorava o tempo em um relógio de pulso que havia sido especificamente desenhado para resistir à fúria da montanha mais ameaçadora do mundo. Acreditava Sir Edmund que o Rolex* **conquistaria** *a montanha e,* **especialmente para ele,** *criaram o* **Rolex Explorer.**

Roy: *Em cada vida há um Monte Everest a ser conquistado. Quando conquistar o seu, **encontrará seu Rolex** esperando-o pacientemente na Justice Jewelers, sua joalheria Rolex oficial, situada na Rodovia 65, em Battlefield.*

Woody: *Sou Woody Justice e tenho um Rolex para você.*

Dizer ao Sr. Target que o relógio Rolex o aguarda pacientemente para quando ele, o cliente, estiver pronto para o produto foi genial. A mídia, na dose certa, se encarregou do resto.

Outras vezes, você remeterá o sr. Target ao seu cenário a partir de um texto apenas informativo, quase frio, mas apoiado num leiaute inovador, como é o caso do anúncio imobiliário reproduzido adiante.

Seja como for, se você conseguir vender um sonho, você já vendeu o produto.

Conheça os pontos de vista surpreendentes de Roy Williams: www.wizardofads.com. Seus livros foram traduzidos para o português (veja a bibliografia nas páginas finais).

EXEMPLO

Propaganda imobiliária é um chute nos tendilhos, como diriam nossos irmãos lusitanos. Ou seja, é sempre a lesma lerda: IMBATÍVEL NA ZONA SUL!, NO MELHOR PONTO DA ZONA LESTE!, esbravejam monótonos os tais anúncios que vendem (?) imóveis.

Sem dúvida, este é um segmento que nos desafia a todos, redatores e diretores de arte. Aos redatores porque os clientes normalmente exigem que os itens principais dos empreendimentos sejam exibidos em tópicos ('é para facilitar a leitura das pessoas', nos ensinam eles) e que os títulos... bem, os títulos são como os mostrados acima.

Para os diretores de arte fica a obrigação de distribuir fachada, planta baixa, perspectiva ilustrada, mapa de localização, os tais tópicos de texto, telefone do plantão e logotipia do produto / construtor / incorporador / corretor / financeira / paisagista / decorador / cerâmica / elevador. O caderno imobiliário dos jornais de domingo não me deixa mentir.

Por isso, pelos vícios desse mercado, nem sempre é fácil emplacar um anúncio mais criativo. Mas a gente tenta, como foi o caso deste lançamento, cujos leiaute (não tem título) e texto reproduzo:

> O Edifício Columbus Palace é incomum. Imagine um projeto octogonal que ocupa menos de 25% do terreno. Igual à diagramação deste anúncio. Tudo ao redor são áreas de lazer. Agora, pense num apartamento com 206 m², três dormitórios, suíte com hidromassagem e acabamento em mármore, acarpetado, sala para três ambientes, dois terraços e duas vagas de garagem. A planta, é claro, também é diferente. Nas áreas comuns há dois salões de festas, salão de jogos, duas piscinas, playground amplo e completo, churrasqueiras, entradas social e de serviço independentes e guarita com controle eletrônico de todas as entradas. Você precisa conhecer. Nele, tudo é diferente. Edifício Columbus Palace, Rua Belém, 61, no Cabral. Visite apartamento decorado. Telefone do plantão: 999-9999. Financiamento: Itaú. Construção e vendas: Construtora Independência. Rua Pasteur, 52. Tel.: 225-7971.

O Edifício Columbus Palace é incomum. Imagine um projeto octogonal que ocupa menos de 25% do terreno. Igual à diagramação deste anúncio. Tudo ao redor são áreas de lazer. Agora, pense num apartamento com 206 m², três dormitórios, suíte com hidromassagem e acabamento em mármore, acarpetado, sala para três ambientes, dois terraços e duas vagas de garagem. A planta, é claro, também é diferente. Nas áreas comuns há dois salões de festas, salão de jogos, duas piscinas, playground amplo e completo, churrasqueiras, entradas social e de serviço independentes e guarita com controle eletrônico de todas as entradas. Você precisa conhecer. Nele, tudo é diferente. Edifício Columbus Palace, Rua Belém, 61, no Cabral. Visite apartamento decorado. Telefone do plantão: 999-9999. Financiamento: Itaú. Construção e vendas: Construtora Independência. Rua Pasteur, 52. Tel.: 225-7971.

Vejamos. Nossa preocupação imediata era dar um jeito de destacar o anúncio naquelas poluidíssimas páginas de classificados de imóveis. Além disso, é claro, realçar os diferenciais do produto, no caso, sua forma octogonal e o bom espaço livre à sua volta, algo um tanto raro em edifícios de sua categoria e na região anunciada.

Depois de muito matutar, concluímos que o anúncio deveria ter um jeitão tão (Jeitão tão? Tão, tão? Hummm! Ficou muito ruim, mas deixei de propósito)... hã, estávamos...?, ah, sim: o anúncio deveria ter um jeitão tão diferente dos demais quanto era a arquitetura do gajo a ser anunciado.

Eis que fizemos nossa prece milagrosa a Santo Óbvio, que nos iluminou: pra se destacar da sujeira, limpeza, com áreas em branco por todo o leiaute. Daí, a imaginar que a diagramação do texto seguiria a implantação do edifício no terreno, foi fácil.

Assim criamos, eu e o Aramis, o anúncio cujo leiaute é aqui reproduzido. Limpo, objetivo, descritivo e, principalmente, que faz o sr. Target imaginar o produto; imaginação esta que normalmente se transforma em curiosidade e posterior ação em direção àquilo que é ofertado. Básico.

Aliás, nunca é demais lembrar que a função do anúncio é aproximar o sr. Target do produto. A venda em si mesma, que a façam os vendedores!

EXERCÍCIO

Descreva como um parto pode ser maravilhoso. Público-alvo: maridos de mulheres grávidas. Anunciante: Plano de Assistência Médica do Hospital da Saúde S.A.

Faça seus leitores sonharam com uma simples gota d'água.

32
O Segredo é Começar com um Grande Título

ARGUMENTO

MARAVILHA! A SEGUIR, O SEGREDO DOS GRANDES ANÚNCIOS!

De cara, afirmo: uma simples mudança de palavras pode fazer a diferença entre grandes resultados e resultados sofríveis.

Você está curioso para saber que mudança é esta e onde ela acontece? Simples: são as primeiras palavras que, num anúncio, recebem o simpático nome de título.

O título é, de fato, um elemento com o qual nós de certa forma nos condicionamos.

Sua inexistência causa estranheza, sem dúvida. Mesmo porque estamos muito habituados a vê-lo em todos os lugares e das mais variadas formas. Ele existe na Propaganda e existe no jornalismo impresso e falado (só que, nestes casos, seu nome também é manchete). Os trabalhos escolares têm título. Até este livro também tem um título!

O fato indiscutível é que estamos acostumados a identificar o conteúdo pela amostra, o todo pela parte, e o título existe para nos ajudar nesse processo (fale a verdade: lá em cima, no início deste capítulo, quando você viu a promessa de desvendar o segredo dos grandes anúncios, isto o motivou a seguir adiante na leitura, não foi? Entendeu a função do título?).

Como síntese do que vem depois, ele nos ajuda a decidir quanta atenção vamos dar ao que virá. Você entenderá por que o lendário publicitário David Ogilvy dizia que o título vale oitenta centavos do dólar.

Mas você pode estar perguntando: 'Tá bom, tudo isso é lindo, bacaninha mesmo, mas que tal umas dicas sobre como fazer bons títulos?'

All right!

Um título deve funcionar como o doce que vemos na vitrina da doceira. É lindo, sedutor, apetitoso, faz a gente imaginar o sabor e o prazer que vamos sentir na primeira mordida. Hummm! E não esqueça: filhote do título é o subtítulo; embora de existência nem sempre necessária, subtítulo é algo como alguém convidando você a entrar na doceira.

O título é a blusa levemente entreaberta daquela mulher irresistível, é o olhar discreto e fascinante do galã de cinema.

Em outras palavras, o título de um anúncio deve despertar algum ímpeto, alguma vontade, algum sentimento forte o suficiente para fazer o sr. Target ter vontade de ir mais adiante e 'devorar' o anúncio com todas as promessas de benefício que o produto traz. Despertar o desejo do 'eu quero mais'. Por isso, aqueles títulos frios, factuais ao extremo simplesmente não funcionam! Não há neles poder algum de sedução porque não há emoção!

Além do mais, se seu título não criar uma imagem viva ou algum sentimento na mente do leitor, pode esquecer os bons resultados!

Por falar em resultados, algumas evidências são incontestáveis:

- mudanças nos títulos alteram o *recall* dos anúncios (e certamente os resultados de vendas);
- muito mais gente lê apenas os títulos do que os anúncios inteiros, o que faz do título um elemento indiscutivelmente importante.

Você ainda tem dúvidas?

Pontuação: não confundir, para finalidades práticas, títulos de anúncios publicitários, que têm pontos finais, com as manchetes jornalísticas, que não trazem pontuação (exceto, é claro, nos casos de exclamação e interrogação). O argumento dos publicitários é que pontos finais no título reforçam o sentido de convicção acerca do que se diz no anúncio. Faz todo sentido.

Falar mais do que isso é chover no molhado. De agora em diante, é exercitar, por observar os bons títulos que surgem por aí e, principalmente, escrever o maior número possível de títulos para um mesmo anúncio.

EXEMPLO

Vejamos um caso imaginário e um caso real. O primeiro produto é bola de tênis (marca Plofts, fictícia).

Opção 1, Título sem tempero, sem sedução:

BOLAS DE TÊNIS PLOFTS! FABRICADAS DE ACORDO COM AS MAIS EXIGENTES RECOMENDAÇÕES INTERNACIONAIS.

Opção 2, Título com tempero, com sedução:

AÍ, VOCÊ DIZ PRO GUGA: 'TÁ BOM, HOJE EU TOPO UMA PARTIDA!'

Sacou a diferença? A opção 2 nem precisa de texto. Bastaria, talvez, uma foto de um sujeito com expressão marota e convincente, mais a foto do produto e assinatura (logotipo/logomarca) do anunciante.

Veja, ainda, este exemplo real, onde o argumento, no título, é muito forte.

Quando do lançamento da rede de televisão CNT – Central Nacional de Televisão, o SBT dizia-se 'Líder absoluto do segundo lugar'.

A marca CNT era sucessora da marca Rede OM de Televisão, e operava a partir de Curitiba, PR. O objetivo primeiro era consolidar-se no mercado do sul do país e, mais tarde, estender o alcance geográfico do seu sinal.

O anúncio cujo título e texto são reproduzidos a seguir era claramente sazonal (primavera), e foi dirigido a um *target* já conhecedor daquela programação.

Com o título, procurei ironizar a briga do SBT com a Globo, oferecendo um argumento relacionado a outras marcas líderes, que não do segmento televisivo.

Por ser um tanto longo e ritmado, tenta induzir o leitor a ir até o final, fazendo com que ele se prenda por mais tempo à leitura do anúncio, com consequente fixação da marca CNT. Note que ele é, de longe, mais argumentativo, vendedor e bem acabado do que o texto que o acompanha (a palavra *prerrogativa*, por exemplo, é imperdoável num texto publicitário. *Mea culpa, mea culpa, mea maxima culpa!*). Fazendo uma revisão tantos anos depois, concluo que só o título resolveria perfeitamente o anúncio.

> Ou a sua lavadora
> não é Brastemp,
> ou o seu refrigerante
> não é Coca-Cola,
> ou a sua esferográfica
> não é Bic,
> ou o seu leite condensado
> não é Moça.
>
> Em alguma coisa,
> você prefere quem não é líder.
> Aproveite e mude de canal.

Sua mais nova opção em televisão é a CNT Primavera. Inovadora no formato e nos reforços que passam a fazer parte da programação, a CNT Primavera está incrível. Bem ao gosto de quem quer ainda mais novidades. E sabe que qualidade não é prerrogativa apenas dos líderes. Lembre-se disso na hora de ligar a sua TV. Em cada horário, sempre um bom programa, sempre uma ótima alternativa para o que você está acostumado a ver. Agora, você pode variar e contar com algo a mais em televisão. Mude de canal. O que você esperava em novidade, informação e bom gosto está na CNT Primavera.

CNT primavera
Líder da sua preferência

Quanto ao *slogan*, ele 'amarra' o título, e responde aos argumentos tão constantes sobre liderança encontrados, à época, na Propaganda das redes concorrentes.

Título:
OU A SUA LAVADORA
NÃO É BRASTEMP
OU O SEU REFRIGERANTE
NÃO É COCA-COLA
OU A SUA ESFEROGRÁFICA
NÃO É BIC
OU O SEU LEITE CONDENSADO
NÃO É MOÇA.
EM ALGUMA COISA
VOCÊ PREFERE QUEM NÃO É LÍDER.
APROVEITE E MUDE DE CANAL.

Texto:
Sua mais nova opção em televisão é a CNT Primavera.

Inovadora no formato e nos reforços que passam a fazer parte da programação, a CNT Primavera está incrível.

Bem ao gosto de quem quer ainda mais novidades.

E sabe que qualidade não é prerrogativa apenas dos líderes.

Lembre-se disso na hora de ligar sua TV.

Em cada horário, sempre um bom programa, sempre uma ótima alternativa para o que você está acostumado a ver.

Agora você pode variar e contar com algo a mais em televisão.

Mude de canal.

O que você esperava em novidade, qualidade e bom gosto está na CNT Primavera.

Assinatura:

CNT Primavera

Líder da sua preferência.

EXERCÍCIOS

Briefing 1: a Volkswagen lançou o Gol Lady, uma série limitada dedicada às mulheres. Os principais diferenciais são os espelhos maiores e o conjunto de cores exclusivas, todas muito suaves, e com combinações perfeitas de tonalidade entre acabamento interior e pintura exterior.

Briefing 2: a Trash Records lançou uma coletânea de dez CDs com 'o melhor do sertanojo', embalados em uma miniatura de lata de lixo.

Seu *job*: para os dois exercícios, faça três títulos quadradões, sem sedução alguma, e outros três com muita sedução.

Pense em alguns títulos argumentativos e em alguns outros sedutores e bem-temperados para anunciar sua gota d'água.

33
Dicas para Escrever para Rádio e TV

ARGUMENTO

Ao pensar em escrever para rádio, TV e cinema, evidentemente você deve antes conhecer ao menos um pouco a respeito de... rádio, TV e cinema, ora!

O que parece tão óbvio nem sempre é praticado. Esses meios têm, como todos os demais, suas características próprias, aquilo que faz deles o que são como linguagem. Não é sem razão que existem profissionais especializados em cada um deles, principalmente quando se escreve para propósitos outros que não a Propaganda.

Mas, em Propaganda, é pouquíssimo provável que você possa dar-se ao luxo de ser um redator só para comerciais de televisão, por exemplo. Então, como você não vai ser mesmo um especialista na matéria, pelo menos vá conhecer aquilo com que os especialistas trabalham. A começar pela literatura a respeito, e há muita coisa boa por aí. Depois, ao conversar com gente do setor, como outros redatores, diretores de cinema e TV, atores, radialistas etc. Finalmente, por exercitar constantemente e comparar resultados.

Além dos estudiosos da gramática do cinema, alguns cineastas também escreveram livros com os relatos técnicos de suas experiências neste ou naquele filme. Leia-os, porque isso será uma ajuda e tanto no seu dia-a-dia.

Rádio, TV e cinema têm, para a Propaganda, um problema em comum: exiguidade de tempo. Portanto, esta será sua primeiríssima preocupação.

O controle deste tempo sempre tão exíguo se dá por:

- Escolha de palavras. Volto ao anteriormente comentado sobre conhecimento do vernáculo. Você, redator, precisa ter muitas opções em mãos, porque décimos de segundo são valiosíssimos. Ao falar de preço, por exemplo, optar pela palavra 'só' em vez de 'apenas' faz você ganhar algo próximo de meio segundo. Após seu texto estar pronto, ainda assim repasse-o mais algumas vezes e procure observar quais palavras podem ser substituídas por outras mais curtas.

- Frases curtas. Vale o mesmo raciocínio exposto acima, com o detalhe que frases podem apresentar cacofonias ou proximidade de palavras ruins de serem ditas em sequência, essas coisas. Portanto, após cortar as palavras, certifique-se de que o resultado final é também uma boa sequência de frases, com o texto fluindo naturalmente, sem obstáculo algum para um bom ritmo de leitura.

- Exatidão na marcação de cenas e passagens. Embora o acabamento se dê em algum processo de edição, o cuidado de marcar as cenas com exatidão evita que, depois, na dita edição, surjam dificuldades de sincronia e/ou assentamento de sons e imagens.

- Evitar redundância imagem/som. Observe um comercial de trinta segundos de duração. A imagem diz a mesma coisa que o som, isto é, a locução é redundante? A respeito disso, em *Propaganda é Isso Aí!* eu disse que 'As redundâncias de texto/imagem ocorrem, mais frequentemente, nos filmes publicitários, e são um desperdício de recursos. Exemplo: a imagem mostra uma maçã, o texto diz: maçã. Vejamos de outra forma. A imagem mostra uma maçã e o texto diz: a tentação do sabor. Faz muita diferença, não? Evitar a redundância significa ganho de tempo e de espaço a ser utilizado para o desenvolvimento de algo mais, como um novo argumento, uma ideia acessória etc. Se, num filme de trinta segundos, por exemplo, tivermos redundância texto/imagem, teremos aí os mesmíssimos trinta segundos de informação. Mas se o texto ocupar trinta segundos com a informação X, e a imagem ocupar trinta segundos com a informação complementar Y, o filme continuará com trinta segundos de tempo, mas com sessenta segundos de informação. Pura malandragem para fazer o anúncio crescer; é fermento de publicitário!'

Em Propaganda é isso aí! *fiz considerações as mais variadas sobre criação e redação de textos para todos os meios de comunicação.*

Há muitas maneiras de se escrever um roteiro. Podemos simplesmente fazer um texto corrido e anotar o que imaginamos que venha a ser o filme ou *spot* de rádio, ou utilizar o modelo de duas colunas, com o texto de um lado e a marcação das cenas correspondentes de outro, ou, ainda, fazer um *story board*.

Story board *nada mais é do que um roteiro ilustrado, com o texto integral, porém subdividido de acordo com a sequência das principais cenas.*

Talvez o mais importante, aqui, seja lembrar o que o nome roteiro significa. É antes um caminho a ser seguido; da mesma forma que caminhos têm placas sinalizadoras os roteiros também têm as suas. Vamos conhecer as principais:

- BG. É o *back ground*, ou som de fundo. Pode ser música ou som ambiente, ou ambos.
- Câmara alta e câmara baixa. Indicam posicionamento de câmara de acordo com a linha do olhar (e com o clima que se deseja obter). A câmara alta, isto é, acima da linha do olhar, quando vemos o objeto ou personagem de um ponto de vista mais alto, faz com que esses pareçam diminuídos em importância, pois estão 'lá embaixo'. Uma câmara baixa indica que o objeto ou personagem é relativamente importante, o que podemos exemplificar por um juiz em sua cadeira ou um policial em ação. Note que, via de regra, eles se encontram 'lá em cima'. O pessoal de cinema também conhece estes posicionamentos de câmara por *plongé* e *contra-plongé*, respectivamente.
- Corte e passagem (em fusão ou cortina). Indicação de como uma cena substituirá a anterior; se de um modo abrupto (corte seco), suave (fusão gradual de imagens) ou sobreposição por movimento (cortina).
- *Fade in* e *fade out*. Respectivamente, aparecimento e desaparecimento lento e gradual de alguma imagem. Exemplo: '*fade out* para tela escura' significa que a imagem escurece lenta e totalmente, ficando em seu lugar apenas a tela preta.
- *Jingle*. Peça musical onde se cantam as virtudes do produto.

- *Insert*. Uma imagem qualquer a ser aplicada posteriormente sobre a imagem originalmente filmada, como um logotipo de produto, um *splash* de oferta, etc.
- *Lettering*. Ou letreiro. Palavras estáticas ou em movimento que trazem informações complementares, como preços, condições de pagamento, endereços e telefones, textos legais, etc.
- *Off*. Esta palavra, em inglês, significa fora. Nos roteiros, é a indicação de que um som, normalmente voz, é incluído sem a respectiva imagem. Caso dos locutores que não aparecem: locutor em *off*.
- *Pack-shot*. Nome que se dá à cena que apresenta exclusivamente o produto.
- Panorâmica ou Pan. Indica movimento da câmara em seus eixos horizontal e vertical.
- Plano. Grau de proximidade e/ou abertura de enquadramento da imagem. Vai dos planos de detalhe (*close* e *big close*) ao plano geral (tudo), passando pelo plano médio (exemplo: pessoa na altura dos ombros), plano americano (pessoa do joelho para cima) e plano de conjunto (grupo de pessoas).
- Sobe trilha. Expressão muitas vezes usada como indicativo de final do roteiro, quando aquela musiquinha de fundo (a trilha BG) sobe de volume por um segundo ou menos, e o filme termina.
- *Spot*. Anúncio de rádio com um ou mais locutores. Pode apresentar ou não trilha sonora BG.
- 'Técnica' ou sonoplastia. Indica entrada de efeito sonoro e/ou som ambiente produzido em estúdio. Exemplo: 'Téc.: Entra som de chuva.'
- *Travelling*. Movimento de câmara, à esquerda ou à direita, para frente ou para trás, fora de seu eixo e normalmente executado sobre trilhos ou carrinhos especiais.
- Trilha cai BG. Indicativo de que o som deve cair ao segundo plano para entrada de uma locução em *off* ou a fala de algum personagem do filme.

Conheça, ainda, alguns equipamentos que estarão à disposição da gravação do seu filme. Cito apenas os que, por um motivo ou outro, têm capacidade de ajudá-lo a decidir-se pela criação/redação deste ou daquele tipo de cena, mas raramente são citados nos roteiros.

- *Boom* e lapela. Tipos de microfones usados em sincronismo (som direto) com as gravações de imagem. O *boom* (ou girafa) é de alta sensibilidade e capta sons ambientes e vozes; o lapela é usado sob a roupa do ator/atriz, é direcional e tem capacidade de captação só de sons muito próximos.
- Grua. Equipamento para elevação e movimentação da câmara de cinema ou vídeo, que pode ou não transportar o cinegrafista. Há gruas com braços (lanças) de vários comprimentos (de um a sete metros, ou mais) e de acionamento manual ou eletropneumático.
- *Steadycam* e *aircam*. Equipamentos onde são atreladas (ao corpo do cinegrafista ou à fuselagem de aviões e helicópteros, respectivamente) as câmaras de cinema ou vídeo, e que suavizam seus movimentos, para tomadas de cenas sem 'trancos'.

Nada melhor que a tirania da secundagem limitada para aplacar os ânimos daqueles clientes que exigem que você coloque um romance inteiro sobre o produto dentro do espaço exíguo de trinta segundos ou um minuto. Quando ele tentar, pergunte-lhe: 'Você quer um locutor de jockey clube no seu anúncio?'

EXEMPLO

Vejamos um roteiro de filme de trinta segundos para o lançamento de um videogame Nintendo (fictício). É um roteiro bem simples, criado para os fins didáticos deste livro, embora os reais não sejam necessariamente muito diferentes em conteúdo. Está no formato de colunas de áudio e vídeo, mas nada impede que ele seja escrito de outra forma, como o *story board*. O formato de colunas tem a vantagem de melhor determinar qual é a sincronização imagem/som que se pretende. O *story board* facilita a apresentação ao cliente (leigo no assunto, lembre-se!) e, por consequência, a aprovação da peça.

Vídeo	Áudio
Abre com cena externa de uma casa em noite de tempestade. Raios cortam o céu.	Téc.: som de tempestade. Trilha sonora de ação
Câmara faz *travelling* contínuo até entrar na sala.	Téc.: som de tempestade. Trilha sonora de ação
Corta para crianças assustadas com o que veem na TV, escondendo-se atrás do sofá. Lá fora, um raio.	Trilha cai BG. Locutor *off*: **'Seres estranhos vão invadir sua casa. O futuro da sua cidade e de toda a humanidade depende só de você.'** Téc.: trovão
Suspense para *close* de mão que chega no escuro... e acende a luz.	Sobe trilha de ação
Câmara abre para plano geral e desvenda que é o irmão mais velho que chegou.	Trilha cai BG. Locutor *off*, com tom tenebroso: **'Novo Nintendo 3D Super Action. Um *videogame* que deixa você em dúvida sobre qual realidade está vivendo.'**
Corta para *pack-shot*.	Locutor *off*, alto astral: **'Novo Super Action. Megabytes para além da imaginação.'**
Corta para adolescente jogando no *videogame* e olhando com desprezo para o medo dos irmãos menores.	Adolescente: **'Humm, crianças...'**
Fade out imagem do adolescente. Sobrepõe-se *insert* com logo do produto.	Sobe trilha

Dica para Escrever para Rádio e TV **153**

EXERCÍCIO

Crie o filme de lançamento das novas plantadeiras de grãos da marca Tatu (Indústrias Marchesan, de Matão, SP), especiais para plantio direto.

Acredite se quiser. Os norte-americanos, que adoram pesquisas & estatísticas, garantem que: 1) você tem apenas os quatro segundos iniciais de seu filme publicitário pra fisgar a atenção do sr. Target; depois disso, já era; ele não mais se concentrará na sua mensagem, portanto não vá deixar o que é importante lá pro final do filme; e 2) o apelo ao humor adequado mais do que dobra o recall dos anúncios em geral.

Escreva o roteiro de um comercial de 30 segundos para TV, e outro totalmente diferente para rádio, vendendo em ambos algum atributo, à sua escolha, da gota d'água.

34
E o Marketing Direto?

*Dica: desenvolva o hábito de colecionar publicações especializadas que reproduzem campanhas publicitárias, promocionais e de marketing direto criadas mundo afora (normalmente são caras, porque importadas; então dê um jeito de fazer com que sua agência as compre com regularidade). Cedo ou mais tarde, essas publicações terão valor inestimável como objetos de consulta e fontes de referência. Isso é corriqueiro e normalmente faz bem ao criativo.
Note que buscar alguma inspiração, alguma luz, não tem nada a ver com o detestável plágio.*

ARGUMENTO

Marketing direto nada mais é do que Propaganda em um canal específico de comunicação. Chama-se direto porque seu objetivo é alcançar milhares e milhares de consumidores de modo individualizado.

Ultimamente, com o desenvolvimento acelerado de ferramentas CRM – *Costumer Relationship Management* (gerenciamento do relacionamento com o cliente), mais a mensagem publicitária é passível de individualização e, aí, o redator precisa ser bem tarimbado para falar com muitos como se dirigisse sua mensagem a apenas aquele sr. Target em particular.

No marketing direto você utiliza todas as técnicas da redação para Propaganda, mas deve observar algumas particularidades:

- Tratando-se de material envelopado e enviado pelo correio – caso da mala direta –, seu primeiro desafio será fazer com que o sr. Target interesse-se o suficiente para ir adiante e abrir o envelope. Lembre-se, ele pode receber diariamente dezenas de correspondências (outras malas diretas concorrentes, inclusive) e, por isso mesmo, joga muitas delas fora sem nem ao menos verificar seu conteúdo. Nada mais desagradável do que ter seu material jogado no lixo, sem ser lido. Portanto, o esforço por conquistar a atenção começa na criação do envelope ou seja lá qual for a embalagem de sua mala direta, ou peça promocional, enviada pelo correio ou serviço equivalente.

- Folheto e carta ligados entre si são os conjuntos mais comuns de se encontrar nas malas diretas. Nestes casos, a carta deve convidar o leitor a conhecer todas as vantagens e benefícios expostos no folheto – e demais materiais agregados, como bônus, vales-brinde etc. –, além de também vender, ela mesma, mais uma vez as virtudes e qualidades do produto.

- A carta deve ser amigável e informar claramente qual é o objetivo daquele contato, o que se oferece com ele. É muito comum redatores, na ânsia de enfeitar o pavão, perderem tempo com parágrafos desnecessários, palavras complicadas e, o que é pior, textos confusos e/ou prolixos. Estas coisas são fatais para os resultados que se espera. Faça frases na ordem direta. Escreva cartas onde o que é mais importante vem primeiro, ok? Sobretudo, não permita que o principal – o tema fundamental – fique perdido lá pelo meio da carta.

- A carta também deve permitir uma segunda leitura, o que se obtém pelo artifício de sublinhar-se as palavras-chave e as frases-chave. Assim, se o leitor apenas der uma passada de olhos nestas frases e palavras, entenderá perfeitamente o conteúdo, pois estas resumem o todo. Este é um caso onde o redator pode demonstrar sua capacidade de construir mosaicos, pois aí existirá uma mensagem dentro de outra, ambas dizendo a mesma coisa, reforçando-se, mas sem conflitos. Uma boa dica para esses casos é você escrever alguns títulos publicitários sobre o assunto e usá-los ao longo do texto como frases comuns.

- Facilite a resposta. Dê ao leitor todas as possibilidades de contato com a empresa anunciante: Internet, telefone, fax, endereço com CEP, caixa postal e o que mais for possível. Pelo simples motivo de que você não sabe quem é cada um dos indivíduos que sua mala direta irá alcançar e como cada um deles prefere responder. Não podemos nos dar ao luxo de perder um único contato, um único consumidor, simplesmente porque não demos a ele sua maneira favorita de responder a correspondências

Nota: malas diretas normalmente têm retorno percentualmente pequenos e são projetadas, em custos, a partir destes retornos esperados. Portanto, cuidado com o que você irá criar, pra não viajar demais na maionese e criar uma peça financeiramente inviável.

assim. Ele quer responder por sinais de fumaça ou pombo-correio? Dê-lhe os meios!

- *Scripts* para telemarketing são uma preocupação que, a rigor, as empresas bem que poderiam deixar para os redatores mais experientes. Contudo, curiosamente, na maioria dos casos isso não acontece. A dica fundamental é esta: crie seu texto falando sozinho, grave-o e, depois, transcreva para o papel. Em suma, seja coloquial e insista (quando possível) para que o pessoal de telemarketing seja escolhido principalmente em função de sua capacidade de falar de modo agradável com o cliente, sem dar a impressão de que lêem um *script* feito por você. Gente com fala dura e jeitão de texto decorado espanta clientes. Lembre-se de que você tem pouquíssimos segundos para ganhar a atenção de quem está do outro lado da linha, então ofereça-lhe, de imediato, algum benefício.

EXEMPLO

Já que você quer ser redator publicitário, que tal a gente treinar sua carta de apresentação para as agências de Propaganda, usando um pouco das técnicas acima descritas?

Nela, você vai dizer que você existe, que é redator e que tem muito interesse em trabalhar naquela agência pelos motivos expostos. Você também vai dizer que uma entrevista pessoal será algo proveitoso para ambas as partes. É verdade que uma carta não será, por si mesma, necessariamente a coisa mais criativa do universo, mas em geral funciona, e este é seu objetivo (se você encontrar um meio novo e surpreendente de atingir o mesmo objetivo, use-o também!).

Veja, você falará com muitos diretores de criação, porém com cada um deles individualmente. Assim, a abordagem inicial poderá variar em função de alguma informação prévia que você tenha daquele sujeito em especial (o mesmo se dá quando falamos com segmentos de público com características bem identificadas).

À

Agência de Propaganda S.A.

At. Fulano de Tal

Diretor de Criação

Prezado Fulano,

<u>Você é conhecido por exigir competência</u> de seu pessoal. O trabalho de sua agência reflete isso. E <u>competência só se obtém com esforço e encarando desafios.</u>

Alguns desafios não são mesmo fáceis, mas quando conseguimos vencê-los, <u>obtemos resultados como os que apresento no portfólio anexo</u>.

Ali você verá que <u>sou, antes de tudo, um vendedor de ideias</u>. No meu caso particular, <u>com ótimos conhecimentos em Propaganda e atividades promocionais</u> de toda ordem, como eventos, promoção de vendas e marketing direto.

Também tenho ótima formação acadêmica. Por isso, quero ter <u>a oportunidade de conversarmos pessoalmente</u>. Estou certo de que <u>se tratará de encontro muito proveitoso para ambos</u>.

Cordialmente,

Seu nome

Sua cidade, ___ de _____ de _____.

A leitura rápida dos textos sublinhados nos dá:

Você é conhecido por exigir competência.

Competência só se obtém com esforço e encarando desafios... obtemos resultados como os que apresento no portfólio anexo.

Sou, antes de tudo, um vendedor de ideias... com ótimos conhecimentos em Propaganda e atividades promocionais.

A oportunidade de conversarmos pessoalmente... se tratará de encontro muito proveitoso para ambos.

Sacou? Você disse a mesmíssima coisa, porém com muito maior ênfase e poder de persuasão. Você começou dizendo ao cara que ele é o tal, o bã-bã-bã do pedaço, mas sem puxar o saco, sem babação de ovo. Você o dignificou, e todo mundo gosta disso. Daí, você disse que aquilo que ele gosta está no seu portfólio: cutucou a curiosidade. Depois, insinuou que é bom no que faz, e arrematou afirmando que falar com você será bom negócio pra ele: ofereceu algo concreto e lucrativo.

Repetindo & resumindo: você alisou o ego do cara, dignificando-o (o que todo mundo adora), fez com que ele ficasse curioso (não há quem resista à curiosidade) e, por fim, ofereceu uma recompensa (que todo mundo quer). Bingo!

Isso tudo é garantia de sucesso? Não, é apenas garantia de que você terá melhores oportunidades de ser chamado para uma entrevista do que outro candidato que não fez nada disso, a despeito da qualidade do seu trabalho. Da mesma forma que acontece com as malas diretas para venda dos mais variados produtos.

EXERCÍCIO

Consiga alguns materiais de marketing direto (se necessário, contate uma empresa do setor – veja www.abemd.com.br – e peça material). Reescreva-os, considerando todos os passos acima apresentados. Faça folhetos, cartas e *scripts* de telemarketing. Compare os resultados obtidos.

Escreva uma carta e um *script* de telemarketing vendendo sua gota d'água.

IV. O Esforçado

Esforçado. [Particípio de esforçar] *Adj.* **1.** Vigoroso, forte, enérgico. **2.** Denodado, valoroso, corajoso. **3.** Que se esforça para conseguir algo; trabalhador, diligente. **4.** Diz-se de pessoa que se empenha vivamente para bem realizar suas tarefas. *S.m.* **5.** Indivíduo esforçado.

Etimologia → Esforçado vem de *força* que, por sua vez, vem do latim tardio *fortia*, que significa energia. O primeiro registro conhecido do termo data do século XIII.

35
75 Exercícios para Você Brincar e se Divertir!

As páginas a seguir contêm dezenas de exercícios à sua espera. Faça-os com determinação, como se você estivesse diante de um problema real, trabalhando em uma agência real. No caso dos que pedem anúncios, nada de criar bobagens gratuitas, só pra fazer gracinha. Faça peças que mereceriam realmente ser publicadas com louvor.

1. Escreva ao menos dois sinônimos para cada uma das palavras/expressões a seguir:
   - Aldrabão
   - Algures
   - Alhures
   - Bochincho
   - Bolhelho
   - Bongar
   - Chiste
   - Pejo
   - Defenestrado
   - Energúmeno
   - Ignomínia

- Ósculo
- Parvo
- Peúgas
- Sicofanta
- Taifeiro

2. Que são metaplasmos? Crie exemplos com aférese, síncope e apócope (não se assuste: esses bichos são bons de brincar).

3. Liste três verbos defectivos. Depois, fique de olho pra ver se não os encontra mal conjugados em textos publicitários por aí.

4. Crie anúncios hipotéticos com muitas metáforas, anacolutos e hipérboles.

5. Escreva uma frase, qualquer frase, com, no mínimo, umas cinco ou seis palavras. Analise a etimologia de cada palavra. Reescreva a frase com as palavras primordiais, ou seja, as que deram origem àquelas que você usou na sua frase inicial. É bem possível que você tenha uma surpresa e tanto.

6. Escolha o título de um bom anúncio e repita a operação.

7. Encontre no dicionário algum outro substantivo com um grande número de sinônimos, como foi o caso do verbete *cachaça* apresentado no capítulo Enriqueça seu Vocabulário. Preste atenção: esta é uma puta dica.

8. Crie uma brincadeira (publicitária) com letras.

9. Crie uma brincadeira (publicitária) com palavras.

10. Encontre outra maneira de falar sobre mil palavras, de demonstrá-las com igual clareza e surpreendendo seu leitor da mesma forma com que eu – você há de concordar com isso – o surpreendi no capítulo correspondente (lembra de *palavra* escrita mil vezes?).

11. Crie um título e um texto que falem sobre a magia da palavra *você*.

12. Re-escreva o texto a seguir e insira o maior número possível de vícios de linguagem que lhe ocorrer. Depois, reescreva-o novamente e insira ao menos mais um vício de linguagem.

'Novos estudos demonstram que não existem raças na espécie humana – ao menos não do jeito que estamos acostumados a pensar. Mas a discriminação viceja entre nós. De onde vem o ódio racial? Como superá-lo?' (capa da revista *Superinteressante* de abril de 2003).

13. Pesquise variadas famílias de tipo e escolha as que lhe parecerem mais adequadas para as palavras da lista a seguir (tente fugir dos clichês que se veem por aí). Se quiser, associe uma marca real ou crie uma marca fictícia para cada item. Justifique sua escolha.

- Açúcar
- Amizade
- Beleza
- Berlim
- Brasília
- Demônios
- Guaraná
- Museu
- Pai
- Paixão
- Primavera
- Rock'n'roll
- Universo
- Velocidade

14. Crie uma frase genial para um produto qualquer, desmonte-a etimologicamente e aplique o resultado novamente àquele produto (se necessário, ajuste a frase obtida).

15. Anuncie um mesmo produto à sua escolha para três diferentes *targets*; dois deles, você decide. O terceiro *target* são os moradores de Salvador, Bahia, no ano 1700. Dica: peça ajuda a Gregório de Matos e Guerra.

16. Desafie um amigo para ver quem consegue extrair mais palavras das seguintes palavras: locomotiva, alentejano, república e manipulação. Exemplo: da palavra *pirado* dá para extrairmos irado, ira, dor, pira, dopa, ripa, Dora, paro, prado, rápido...

17. Crie um palíndromo, isto é, aquelas frases que podem ser lidas em ambos os sentidos, como 'Socorram-me, subi no ônibus em Marrocos' (isto é dificílimo, mas um amigo meu de Curitiba, o Gustavo Martins, criou um palíndromo genial: 'ovo é ovo'. Eu criei um, meio fraquinho, mas tá valendo: O Atlas salta-o).

18. Venda uma maçã com duas abordagens e duas finalidades diferentes (criar outros usos de produto).

19. Venda um lápis da mesma forma que a maçã.

20. Crie um produto absolutamente inútil e o anuncie (atenção para o significado de inútil!).

21. Faça um texto longo para vender uma joia caríssima.

22. Faça um texto longo em prol da erradicação da miséria.

23. Faça um texto curto para vender uma joia caríssima.

24. Faça um texto curto em prol da erradicação da miséria.

25. Anuncie um ventilador com quatro palavras.

26. Anuncie um computador com cinco palavras.

27. Anuncie um sapato masculino com seis palavras.

28. Anuncie um preservativo feminino com sete palavras.

29. Crie o nome de um produto farmacêutico dedicado ao combate da osteoporose. E dois anúncios: um, dedicado ao consumidor final; outro, à classe médica (é, vais ter que pesquisar...).

30. Crie um classificado de emprego muito original.

31. Crie um classificado de emprego que oferece o cargo de lavador de defunto.

32. Crie um classificado de emprego que oferece o cargo de camareira de motel.

33. Crie uma campanha de seguro de automóveis usando apenas tijolinhos de classificados de jornal (isso já foi feito de verdade).

34. Anuncie uma meia de lã para os frequentadores de Ipanema num domingo de alto verão.

35. Crie um anúncio para um bordel disfarçado de casa de massagens.

36. Crie um anúncio para uma casa de massagens séria e profissional.

37. Faça uma série de *spots* de rádio vendendo, para turistas, a estrada de ferro que liga Curitiba a Paranaguá (é, vais ter que pesquisar outra vez...). Detalhe: você deverá dar vida a um sujeito chamado Engenheiro Rebouças (quem será?), usando-o como anfitrião do passeio/protagonista dos *spots*.

38. *Briefing*: Os anúncios reproduzidos a seguir foram criados no Vietnã (isso mesmo, no Vietnã!) para o sabão em pó Tide. Os textos dizem, respectivamente, 'Não se preocupe. Mesmo borrões de tinta não são problema para a mamãe e para Tide', e 'Não se preocupe. Mesmo manchas de óleo não são problema para a mamãe e para Tide'.

Seu *job*:

a) A partir dessas imagens, criar títulos para outros produtos que não sejam sabões em pó, e

b) Da mesma forma, criar títulos para uma entidade de proteção à criança e ao adolescente.

39. Anuncie o lançamento de um motel em São Paulo.
40. Anuncie o lançamento de um *shopping center* em Brasília.
41. Anuncie o lançamento de um edifício comercial em Natal.
42. Anuncie o lançamento de um edifício residencial em Manaus.
43. Anuncie o lançamento de um supermercado em Cuiabá.
44. Repita os exercícios propostos nos tópicos 39 a 43, porém fazendo dos textos refinados mosaicos publicitários.
45. Crie associações de palavras para as seguintes imagens e respectivos produtos:
    - Estátua da Liberdade/agência de viagens
    - Torre Eiffel e computadores pessoais
    - Ferrari F50 e edifício residencial
    - Relógio de pulso e investimento financeiro
46. Escreva com imagens as palavras *horizonte*, *sol* e *lua*.
47. Desenhe palavras que traduzam paixão.
48. De acordo com o exposto no Capítulo 20, crie ao menos duas expressões para as seguintes ideias:
    - Democracia
    - Pobreza
    - Riqueza
    - Amor materno
    - Infância

- Tolerância
- Intolerância
- Guerra
- Paz

49. Escreva um texto longo e que seja, sobretudo, muito sedutor, para anunciar um chuveiro a gás. Público-alvo: homens com mais de quarenta anos.

50. Faça um texto bastante argumentativo para vender uma enciclopédia.

51. O produto é um limpa-vidros. Tente uma abordagem totalmente surpreendente para anunciá-lo.

52. Use a abordagem do diálogo para criar um texto de *spot* de rádio (de 30 segundos) vendendo sua imagem de sujeito bacana aos amigos que você espera fazer no seu primeiro dia de aula na faculdade (é isso: venda-se a si mesmo!).

53. Defina com muitas palavras as seguintes imagens:
    - Fogão a lenha (sem marca)
    - Leite tipo A – Fazenda da Vovó
    - O novo Boeing 777 da VARIG
    - Autorama Estrela
    - Relógio de pulso TAG-HEUER

54. De acordo com o Capítulo 25, Invente-tente-quente, crie alguns anúncios para os mais variados meios de comunicação, voltados ao lançamento de um programa da TV Educativa dedicado aos esportes radicais.

55. *Briefing*: A NASA quer mandar novamente um homem à Lua. Mas o governo americano cortou a verba. Seus administradores resolveram entregar a você a tarefa de criar uma campanha mundial para arrecadação de fundos. Seu *job*: criar duas abordagens diferentes (e anúncios de jornal, revista, TV, rádio e *outdoor*) para apresentar ao cliente.

56. *Briefing*: Um consórcio de empresas anglo-francesas resolveu construir uma ponte sobre o Canal da Mancha, para concorrer com o Eurotúnel. Seu *job*: criar uma campanha publicitária para atrair investidores, a ser veiculada em *The Wall Street Journal*, *The Economist* e demais publicações do gênero.

57. *Briefing*: Uma agência de viagens criou um pacote turístico de alpinismo no monte Everest, como terapia para os portadores de acrofobia. Seu *job*: criar um filme de trinta segundos para televisão.

58. *Briefing*: Um dos caras que participou da excursão do exercício anterior era um empresário que viu nas neves do lugar uma oportunidade comercial: derretê-la em grandes quantidades e engarrafar como 'Everest. Água pura do Himalaia', para concorrer em preço e sofisticação com as águas minerais Perrier e Evian. Seu *job*: criar um filme publicitário de um minuto de duração e respectiva redução para trinta segundos.

59. Faça um texto bem ritmado para anunciar o próximo *show* do Olodum.

60. Escreva letras de *jingles* para os seguintes produtos (convém pesquisar um pouco sobre cada marca/produto):
    - Arroz Tio João
    - Automóvel Mercedes-Benz E320
    - Bonecas Barbie
    - Caixas d'água Tigre
    - Câmara fotográfica digital Nikon
    - Caminhões Scania
    - Champagne Dom Perignon
    - Computadores Dell
    - Livros infantis de Monteiro Lobato (série de 17 títulos)
    - Reprodutor de DVD Sony
    - Sabonetes Vinólia
    - Vinho Sangue de Boi

61. Faça um texto curto anunciando o novo vidro laminado azul para automóveis, da marca Santa Marina.

62. Faça um texto curto para *outdoor* vendendo o turismo no Estado do Maranhão.

63. Faça um texto longo para anúncio de revista vendendo o turismo no Estado do Maranhão.

64. *Briefing*: O *whisky Johnny Walker Black Label* (aproximadamente US$ 150,00 a garrafa de um litro) agora vem numa embalagem exclusivíssima, de couro importado, mas de tiragem limitada. As pesquisas do cliente indicam que se o consumidor sentir nas mãos a maciez dessa embalagem, e provar uma pequena dose do *whisky*, compra o produto sem pestanejar. Seu *job*: fazer uma sequência de peças publicitárias (TV, rádio, *outdoor*, *banner* de fachada externa, cartazetes internos, cartazetes de ponta de gôndola, testeiras de prateleiras e folhetos para distribuição no momento da degustação) que conduzam o consumidor desde a rua até ficar diante do produto, tocar a tal embalagem e provar seu sabor. Detalhe: a ação restringe-se a pontos-de-venda selecionados, que você deverá indicar. O *slogan* real do produto é *Keep Walking*.

65. Com um anúncio de jornal, faça o sr. Target sonhar com a possibilidade de ser sorteado para viajar pelo espaço sideral, dando uma volta à Lua, caso seja um dos doadores de fundos para aquela campanha da NASA citada na proposta de exercício 55.

66. Crie uma abordagem sedutora para lançar a promoção Vou Conhecer Um Cenário Incrível, patrocinada pela *National Geographic Magazine* em conjunto com o *National Geographic Channel*. Crie também regras inovadoras para participação no concurso.

67. Anuncie o *test-drive* disponível no revendedor de automóveis Rolls-Royce, começando por um grande título (grande em qualidade, não tamanho).

68. Idem para o *test-drive* disponível no revendedor dos automóveis Volkswagen Sedan 1300 (mas volte no tempo: você está em 1967).

69. Crie um título magnífico para anunciar o novo CD dos Rolling Stones, gravado em um navio-estúdio, enquanto navegava pelo rio Amazonas.

70. *Briefing*: A marca Mercedes-Benz (grupo Daimler-Chrysler) traz para o Brasil o exclusivíssimo modelo MB 80.000 (fictício), o mais potente e veloz caminhão de cargas do mundo, com motor de 800 HP. Seu *job*: após definir bem o público-alvo ou os públicos-alvo, criar uma série de dez filmetes de dez segundos cada, para exibição em contagem regressiva (um filmete por dia) até culminar no filme principal de três minutos (também criação sua) que desvenda totalmente o produto e seus benefícios.

71. *Briefing*: Os antigos fabricantes dos automóveis DKW-Vemag resolveram voltar à ativa. Trouxeram moderna tecnologia alemã de fabricação de automóveis e se preparam para lançar no Brasil uma das duas opções a seguir: (1) DKW Turbo TS, automóvel esportivo de dois lugares, com motor de 250 HP, importado totalmente desmontado e apenas montado aqui, por preço na faixa dos US$ 30.000,00; (2) DKW POP, automóvel para quatro passageiros, com motor de 1.000 cc, 70 CV de potência, preço por volta de R$ 12.000,00 e 100% brasileiro. Seu *job*: pesquisar o que a marca DKW significou no passado, no Brasil, verificar qual das duas alternativas melhor se adapta ao mercado brasileiro e traçar a estratégia de comunicação (com uma ideia básica de campanha publicitária, incluindo projeto igualmente básico de mídia) para o lançamento do modelo escolhido.

72. *Briefing*: As Casas Bahia resolveram entrar para o ramo imobiliário. Agora oferecem a casa mais móveis e eletrodomésticos necessários. Tudo, se o consumidor preferir, num pacote só, que pode ser adquirido pelo também novo 'Consórcio Casa Total é nas Casas Bahia'. Seu *job*: criar toda a campanha de lançamento, com peças de Propaganda e de marketing direto.

73. Crie uma campanha nacional de lançamento da nova linha de pisos cerâmicos da Portobello, dirigida somente às faixas de altíssimo poder aquisitivo da população. Atenção: o público-alvo da campanha publicitária pode não ser necessariamente o usuário final (dica: ver *Propaganda É Isso Aí!*, capítulo sobre Planejamento).

74. *Briefing*: Seu cliente é a confecção Forum. Apenas para suas lojas de *shopping center*, a Forum resolveu desenvolver uma ação promocional procurando aumentar o fluxo médio de clientes. Seu *job*: criar uma ação casada entre Propaganda (filme para veiculação nos cinemas daqueles *shoppings*), promoção no ponto-de-vendas ('compre e ganhe' ou algo que você determinar) e uma ação de pós-venda apoiada em marketing direto.

75. *Briefing*: O time de futebol do seu coração resolveu estimular a volta da torcida ao estádio e, para isso, tomou todas as providências imagináveis, como reforma geral, instalação de itens de conforto (cadeiras numeradas ergonômicas, novos banheiros, salas para fumantes, bar e restaurante ao ar livre no anel superior, *minishopping*, *cyber* café, fraldários, salas VIP com *american bar* etc.), reforço e modernização da segurança, serviços de apoio, e mais uma variedade de itens que você pode sugerir. Só não sabem como dizer isso a todo mundo. Seu *job*: criar alguma coisa em comunicação (Propaganda ou promoção ou marketing direto, tudo junto ou em separado, você é quem decide) e que seja de caráter contínuo, isto é, para veiculação o ano todo, porque algo deve continuar a ser feito mesmo depois de o campeonato terminar.

Crie pelo menos dez abordagens diferentes para anunciar sua gota d'água.

SOBRE A GOTA D'ÁGUA

Você notou que em NENHUM momento houve qualquer restrição ao uso, à forma ou ao 'conteúdo' da sua gota d'água?

Por acaso, ao fazer seus exercícios, você pensou em:

- Dar cores diferentes à gota d'água?
- Dar formas diferentes à gota d'água?
- Dar aromas à gota d'água?
- Dar sabores à gota d'água?
- Vaporizar sua gota d'água, transformando-a em milhões de gotículas suspensas no ar?
- Congelar sua gota d'água, usando-a na forma de cristais de gelo ou flocos de neve?
- Reproduzir o som de gotas d'água caindo dos mais diferentes lugares e nas mais variadas intensidades?
- Usar, nos anúncios, várias gotas d'água, até encher um copo, um balde, um rio, um oceano?
- Deixar a folha de papel em que você escrevia absorver a gota d'água para, assim, passar a ter novamente um espaço em branco para fazer um anúncio qualquer, do jeito que você bem entender?

Sacou agora por que a criatividade está necessariamente isenta de restrições prévias de toda ordem? Percebeu que, primeiro, a gente deve ter a ousadia de criar, para, depois, verificar se o que criamos faz realmente sentido, se serve a algum propósito?

Chegamos ao final (do livro, não dos meios possíveis para desenvolver a arte de escrever anúncios).

Você tem o dever de tentar criar, como último desafio, um anúncio de uma gota d'água, para o meio de comunicação que você quiser, que seja digno de ganhar todos os prêmios nacionais, internacionais e interplanetários.

Acredite: depois de tanto pensar nessa gota d'água, você está mais do que pronto para a missão. Confio no seu taco.

Boa sorte.

36
Temas para Discussão em Grupo e Fóruns de Internet

Nada como o debate para estimular o entendimento (eu já disse isso em outra ocasião). Por isso, proponho alguns temas para debates em grupo, seja em sala de aula, seja pela Internet, nos fóruns e *blogs*. Trinta e três temas que vão além da redação publicitária e envolvem assuntos que são, ou serão um dia, do seu total interesse profissional.

Sugiro que você e os demais participantes tenham como regra o preparo individual prévio acerca de cada tema proposto, mesmo porque alguns deles exigirão conhecimento técnico um pouco mais adiantado ou, até mesmo, algum conhecimento jurídico (procure envolver seus professores).

O tema proposto está em negrito. Logo abaixo, fiz comentários e questões complementares com o único objetivo de orientar a direção das discussões (se preferir, despreze-os). Seja como for, divirta-se!

1. Propaganda vende?

Há quem assegure que a Propaganda definitivamente vende o que anuncia, pois a decisão de compra é o que conta, e isso nem sempre se dá no ponto-de-venda. Outros acham que Propaganda não vende nada, apenas motiva o consumidor a seguir em direção do produto, e que a venda em si mesma envolve outras variáveis além da Propaganda.

2. Propaganda é arte?

Observação 1: Estudiosos de história da arte nos ensinam que desde pintores como Toulouse-Lautrec a poetas como Castro Alves, e tantos outros artistas de renome no mundo todo, fizeram lá seus *freelances* publicitários.

Observação 2: Em *Propaganda É Isso Aí!*, eu disse que enquanto o jornalismo retrata a sociedade, a Propaganda a interpreta. Arte também é interpretação. Isso faz da Propaganda arte? Além disso, a criação publicitária é feita, no final das contas, por redatores/escritores e diretores de arte/artistas plásticos. Mas, nesse momento de criar para Propaganda, esses profissionais não serão mais vendedores do que artistas?

Observação 3: Publicitários muito experientes juram que Propaganda é arte. Outros publicitários muito experientes juram que Propaganda não é arte. Esse é um tema sempre controverso.

3. As classes especiais de anúncios podem ser ampliadas?

O Código Nacional de Auto-Regulamentação Publicitária prevê restrições de conteúdo e padrões de exibição a determinadas classes de produtos, como armas de fogo, bebidas alcoólicas etc. Você poderá obter informações completas sobre quais são essas classes e as respectivas restrições no *site* do Conar – Conselho Nacional de Autorregulamentação Publicitária (www.conar.org.br). Estude essas classes especiais e respectivas restrições. Depois, convide seu grupo a discutir se haverá outras classes de produtos que devem ser incluídas nessas categorias especiais.

4. A Propaganda atual é suficientemente ética?

A Propaganda, em última análise, reflete os conceitos estéticos e morais de uma sociedade, e o ideal para evitar conflitos de toda ordem seria que não houvesse descompasso ético entre os costumes dessa sociedade e as propostas da Propaganda. A Ética é a ciência da moral e, por isso mesmo, é dinâmica e acompanha os movimentos das sociedades no espaço e no tempo. Um anúncio que nos parece normal atualmente seria escandaloso há 50 anos; um anúncio que hoje parece normal aos povos escandinavos, certamente escandalizaria a sociedade brasileira atual. De posse desses comentários, você acha que a Propaganda brasileira está eticamente em compasso ou em descompasso com a sociedade brasileira?

5. Apelo sexual ainda é válido em Propaganda?

É comum ouvirmos de pessoas de todas as faixas etárias e de poder aquisitivo, e das mais variadas crenças religiosas, comentários sobre o uso, segundo eles, excessivo de apelo sexual na Propaganda. Algumas pessoas ficam indignadas; outras não. Temos aí duas observações: (1) o plano ético da questão, e (2) se o estímulo à sexualidade, em anúncios de produtos que, a rigor, nada têm a ver com sexualidade ou sensualidade, melhora a venda e/ou a imagem de marca desses produtos.

6. Propaganda globalizada é sempre eficaz?

Fernando Pessoa disse que 'o ser humano é sempre o mesmo, mas em todo lugar ele é sempre diferente'. Um mesmo anúncio funciona em Cingapura da mesma forma que no Brasil? No Canadá, da mesma forma que na Hungria?

7. Propaganda globalizada interessa a quem?

Tudo bem pra você, publicitário brasileiro, se o planejamento, a criação e a produção de campanhas publicitárias vierem totalmente prontos do exterior, para essas campanhas serem apenas veiculadas no Brasil? Isso interfere com o mercado de trabalho ou, por serem poucos esses casos, trata-se de algo estatisticamente irrelevante? Quem de fato ganha com a comunicação globalizada? As agências multinacionais? Os publicitários? Os anunciantes? Os consumidores? Todos? Ninguém?

8. Crianças podem ser bastante indefesas aos apelos publicitários. É ético anunciar para elas?

Houve, certa vez, um parlamentar dedicado à erradicação total da publicidade de produtos infantis em horários de audiência predominantemente infantil, sob o argumento de que as crianças não têm discernimento suficiente acerca do que veem na

TV, e sobre a situação financeira de seus pais que, muitas vezes, não podem adquirir os produtos anunciados. Segundo o parlamentar, isso criaria tristezas, constrangimentos e frustrações em família. Você concorda com isso? Discorda? Por quê?

9. Por que os testemunhais de pessoas famosas são tão usados em Propaganda?

Associar a imagem do galã internacional, da modelo do momento ou de pessoas famosas em geral realmente valoriza o produto? Consumidores, em sua maioria, se deixam influenciar porque fulano ou fulana famosos disseram-lhes que o produto é bom? Ou isso é apenas um recurso apelativo, um drible preguiçoso dos publicitários, para os casos onde faltou criatividade?

10. Há preconceitos implícitos e explícitos na Propaganda em geral?

Sugiro que inicialmente se procure estudar o que é exatamente um preconceito e de que forma ele se manifesta nos indivíduos e nos grupos. No apêndice do meu livro *Propaganda é isso aí!* há um texto a respeito (40 anos de preconceito).

11. Como e quando se deve apresentar minorias étnicas nos comerciais?

É absurdo ou não pensar em estabelecimento de quotas para minorias étnicas, quaisquer que sejam elas, nos anúncios de modo geral, a exemplo do que ocorre para ingresso nas universidades? Será importante haver preocupações nesse sentido?

12. De modo geral, nos últimos anos a Propaganda brasileira tem evoluído em qualidade de conteúdo?

Muita gente – consumidores, profissionais e estudantes – tem criticado a Propaganda brasileira nos últimos anos, sob a alegação de pouca criatividade e muita apelação. Essas críticas procedem?

13. Se comparada à de países desenvolvidos, a Propaganda brasileira é realmente tão boa quanto os publicitários afirmam?

Anúncios brasileiros são presença constante nas premiações internacionais. Mesmo assim, há quem não considere o número de prêmios obtidos como verdadeiros elementos comparativos de qualidade e eficácia da Propaganda.

14. A sociedade brasileira está preparada para comerciais na grande mídia, e em horários de maior audiência (os horários nobres), de produtos claramente voltados às minorias comportamentais, como os *gays*?

Algumas sociedades são tolerantes com o comportamento das minorias comportamentais, como *gays*, viciados em drogas, grupos ultraconservadores, grupos ultraliberais etc. Outras sociedades os chicoteiam. Em que ponto você acredita que o Brasil se encontra? Há espaço na grande mídia para comerciais voltados a esses grupos? Se sim, a todos eles? Apenas a alguns deles? Quais?

15. Que tipos de censura podem ser tolerados em Propaganda?

O Brasil é um país que tem a garantia constitucional da liberdade de expressão. Isso não é suficiente para se abolir a censura que as regras do Código Nacional de Autorregulamentação Publicitária impõem a determinadas classes de produtos? Ou essas regras não representam censura?

16. O Código de Defesa do Consumidor é justo ao prever, em alguns casos, pena de prisão a maus anunciantes?

O princípio que está por trás de uma condenação à prisão é o de afastar do convívio social aqueles que fazem mal à sociedade, que representam riscos a ela. É o caso do anunciante desonesto? Ele é um risco? Ou será apenas um incômodo?

17. O Código de Defesa do Consumidor é justo ao prever, em alguns casos, pena de prisão a maus publicitários?

O preceito jurídico de responsabilidade solidária aplica-se nesses casos. É justo?

18. Você faria anúncios que, pela natureza do conteúdo, não pudessem ser exibidos para sua própria família?

Publicidade, o próprio nome diz, é pública, está ao alcance de todos. Assim, não há meio de se assegurar que determinados anúncios não serão vistos, por exemplo, por crianças.

19. Propaganda exterior – *outdoors*, painéis, *back-lights* etc. – muitas vezes está mais para poluição visual do que para Propaganda. Em alguns municípios, há leis que regem sua exibição. Há também quem argumente que essas mídias deveriam ser banidas, porque o bem-estar da população estaria acima de qualquer interesse de anunciantes. O que você diz a respeito?

O conceito de cidadania envolve o bem-estar do cidadão (que etimologicamente e num sentido restrito é aquele que vive na cidade). Cidadania tornou-se um conceito ampliado, e alcança a todos de uma sociedade. Envolve direitos, deveres e atitudes participativas. O cidadão tem direito a querer uma cidade mais bonita, mas limpa, mais saudável inclusive no plano visual. Discute-se atualmente se a Propaganda exterior interfere nesses direitos.

20. Alguns parlamentares defendem a eliminação pura e simples da Propaganda de bebidas alcoólicas, incluindo-se aí as cervejas. Você concorda com isso? Quais seriam os desdobramentos jurídicos e econômicos de uma medida assim?

Pesquisadores médicos e demais especialistas da área de saúde incluem o álcool no rol da drogas nocivas à saúde e geradoras de dependência química. Ele é classificado da mesma forma que cocaína, heroína etc. Por outro lado, é consumido por toda a humanidade há milhares de anos, e não necessariamente causa dependência, ao contrário da maioria das drogas hoje proibidas por lei. Além do mais, bebidas alcoólicas são produtos fabricados e comercializados legalmente. E ainda: anúncios não deixam ninguém alcoolizado nem fazem mal à saúde; é justo que o alvo prioritário deste tipo de ação seja a Propaganda?

21. O exercício da profissão de publicitário não exige diploma, como para médico, advogado, engenheiro etc., o que significa que qualquer um poderá exercê-la, mesmo que nunca a tenha estudado formalmente. Você concorda com isso? Acha que a profissão deve ou não exigir a obrigatoriedade do diploma?

Uma exigência dessa natureza poderá resultar, entre outras coisas, na criação de um Conselho Nacional e demais Conselhos Regionais de Publicidade e Propaganda. Quais as funções desses conselhos, além de procurar assegurar que a profissão só seja exercida por quem está habilitado para tal? Por outro lado, manter as coisas como estão também pode, no mínimo, garantir a 'seleção natural da espécie' por fazer com que talento, não diploma, seja o fator determinante da vida profissional.

22. Onde você e os demais membros do seu grupo esperam chegar com a profissão de publicitário?

Escolha profissional, em condições ideais, deve ser resultante da somatória de talento e vocação. Quando isso existe, normalmente não surgem grandes frustrações. Ao contrário, é mais provável haver uma sucessão de realizações gratificantes, e o profissional mantém essa escolha por toda a vida.

23. Como se imagina que deverá ser o mercado para profissionais da Propaganda dentro de dez, vinte ou trinta anos?

A dinâmica do mercado publicitário é incrível: Internet, novas mídias, novas linguagens, mercados globais etc., tudo interfere para que, a cada dia, a Propaganda comporte-se de modo diferente.

24. Qual é o verdadeiro tamanho do mercado de trabalho para o publicitário?

Basicamente, há mercado de trabalho para o publicitário em agências de Propaganda, anunciantes, fornecedores e veículos de comunicação. Você e seu grupo bem que poderiam tentar fazer alguma estimativa razoável do verdadeiro tamanho desse mercado. Com esses dados em mãos, terão subsídios para iniciar movimentos de interesse da categoria.

25. **O que os currículos dos cursos de comunicação social (particularmente os de publicidade e Propaganda) poderiam conter e que, em geral, não contêm?**

    Uma análise comparativa dos currículos oferecidos pelas faculdades dá uma boa ideia da situação. Eles são fáceis de se obter, basta entrar nos sítios de Internet das faculdades.

26. **Convide um advogado para discutir legislação da Propaganda (Lei nº 4.680/65), de direito autoral e de defesa do consumidor com seu grupo.**

    Muitos dos problemas enfrentados por publicitários no seu dia-a-dia profissional poderiam ser facilmente evitados se todos conhecessem um pouco das leis e normas que regem a profissão e sua relação com o mercado e a sociedade.

27. **Convide um publicitário experiente para discutir ética na Propaganda com seu grupo.**

    Nada melhor do que a experiência vivida quando se trata de assunto tão delicado quanto o relacionamento ético entre agências de Propaganda, anunciantes e consumidores.

28. **Convide um anunciante de sua cidade/região para discutir com seu grupo a importância da Propaganda em seus negócios.**

    Anunciantes têm, em geral, grande dificuldade de absorver muitas das propostas técnicas dos publicitários. E publicitários têm, em geral, grande dificuldade de entender a experiência do anunciante adquirida com a barriga no balcão.

29. **Convide o responsável por algum veículo importante de comunicação (jornal, rádio, TV etc.) de sua cidade/região para discutir a política comercial que envolve veículo, agências e anunciantes.**

As realidades são muito distintas em cada canto do país, da mesma forma que também o são de acordo com o tipos de veículo de comunicação, agência e anunciantes envolvidos numa negociação. Faça comparativos.

30. **Quais são suas propostas para um desenvolvimento mais rápido do mercado publicitário fora do eixo Rio – São Paulo?**

A distância que separa tecnicamente os mercados publicitários das cidades de São Paulo e do Rio de Janeiro (principalmente, São Paulo) das demais cidades importantes do país ainda é grande. A migração de anunciantes de peso para essas duas capitais também não contribui para um desenvolvimento mais equitativo do mercado publicitário (por exemplo: empresa anunciante tem sede em Curitiba, mas é atendida por agência de Propaganda de São Paulo). Como resolver isso?

31. **As entidades de classe, como ABAP – Associação Brasileira de Agências de Publicidade, CONAR – Conselho Nacional de Auto-Regulamentação Publicitária, ABA – Associação Brasileira de Anunciantes, CENP – Conselho Executivo das Normas-Padrão, FENAPRO – Federação Nacional das Agências de Publicidade, os sindicatos de publicitários e agenciadores autônomos de Propaganda, e demais congêneres, fazem realmente um bom trabalho em benefício da Propaganda e do publicitário?**

Ou algumas delas apenas 'cumprem tabela'? Quais são realmente atuantes e quais não são? Você e seu grupo as conhecem bem e sabem o que cada uma se propõe (ou deveria) fazer?

32. **A mídia especializada em Propaganda cumpre um bom papel informativo?**

Há quem diga que os principais veículos voltados ao meio publicitário preocupam-se mais em fazer coluna social do setor do que em contribuir com informação realmente relevante e útil. Há quem diga exatamente o contrário.

33. **Como você e seu grupo, sendo publicitários, acreditam que poderão contribuir com a sociedade brasileira?**

ESTE anúncio foi veiculado no dia em que eu nasci: 13 de abril de 1958. Será por isso que eu gosto tanto da linguagem cáustica?

DESCUBRA um anúncio veiculado no dia em que você nasceu.

Bibliografia

Análise transacional da propaganda – Roberto Menna Barreto – Editora Summus

Criatividade – José Predebon – Editora Atlas

Criatividade em propaganda – Roberto Menna Barreto – Editora Summus

Dicionário de questões vernáculas – Napoleão Mendes de Almeida – Editora Ática

Direção de arte em propaganda – Newton Cesar – Editora Futura

Ética na propaganda – Antonio Paraguassú Lopes – Editora Atlas

Fórmulas secretas do mago da publicidade – Roy Williams – Editora Futura

Gramática metódica da língua portuguesa – Napoleão Mendes de Almeida – Editora Saraiva

Mago da publicidade – Roy Williams – Editora Futura

Making of – Newton Cesar e Marco Piovan – Editora Futura

Manual de redação e estilo – Eduardo Martins – Editora O Estado de S. Paulo

Marca – Francesc Petit – Editora Futura

Os mundos mágicos do mago da publicidade – Roy Williams – Editora Futura

Propaganda: profissionais ensinam como se faz – José Predebon – Editora Atlas

Redação publicitária – Jorge S. Martins – Editora Atlas